疯传文案

哐十三 —— 著

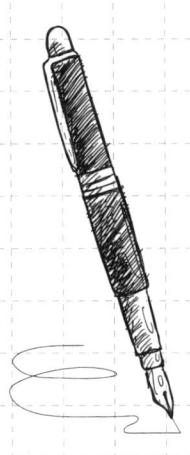

辽宁人民出版社

© 哐十三 2022

图书在版编目（CIP）数据

疯传文案 / 哐十三著 . —沈阳：辽宁人民出版社，2022.1
ISBN 978-7-205-10301-9

Ⅰ . ①疯… Ⅱ . ①哐… Ⅲ . ①汉语—应用文—写作 Ⅳ . ① H152.3

中国版本图书馆 CIP 数据核字（2021）第 209716 号

出版发行：辽宁人民出版社
　　地址：沈阳市和平区十一纬路 25 号　邮编：110003
　　电话：024-23284321（邮　购）024-23284324（发行部）
　　传真：024-23284191（发行部）024-23284304（办公室）
　　http://www.lnpph.com.cn
印　　刷：三河市三佳印刷装订有限公司
幅面尺寸：145mm × 210mm
印　　张：8
字　　数：240 千字
出版时间：2022 年 1 月第 1 版
印刷时间：2022 年 1 月第 1 次印刷
责任编辑：赵维宁　贾　勇
封面设计：末末美书
版式设计：新视点
责任校对：耿　珺
书　　号：ISBN 978-7-205-10301-9

定　　价：48.00 元

前言

你相信吗？文案可以改变世界

你发现了吗？

如今我们身处的世界，是一个由文案构成的世界。

早上睁开眼，习惯赖床的你打开了朋友圈，早安文案、微信广告、各种海报一一划过；洗漱时，你随手点开网易云，在文案的引导下，打开了一个新歌单；出门后，电梯里、地铁上、步行中……无处不在的LED显示屏轮番播放着各种产品的广告；到了公司打开电脑，第一个跳出来的不是工作通知，而是弹窗广告。

现在，请环顾一下你的四周，一定有某句文案正在试图引起你的注意。

这些文案，有的被你一扫而过，有的被你左耳进右耳出，有的虽成功引起了你的注意，却是用了你最讨厌的重复骚扰的方式……

还有一些文案，会让你会心一笑，忍不住掏出手机拍下分享给朋友，或者给你留下深刻的记忆，经不断回味而构成了自己心智的一部分，并且在它的引导下，做出了一系列的行动……

一句"Open Happiness"奠定了可口可乐制造、分享、传递快乐的使者形象；一句"A Diamond Is Forever"让原本毫不稀有的钻石，成了价值连城的永恒不变的爱情承诺……

欢迎来到这个可爱的、可恨的，任你爱恨却挥之不去的文案的世界。

在这个文案应用几乎充斥着人类全时间、全场景的世界里，如何熟练掌握文案这项重要技能，写出引人兴趣、影响人心、达成目的的文案，就是本书试图探讨的内容。

写文案绝非易事，却有迹可循。本书从文案撰写前的准备工作、内在逻辑，到文案写作中的具体技巧、万能句式，再到世界级文案大师的修炼记，进行了全面细致的讲解。

在这里，我们将搞清楚那些改变世界的好文案究竟好在哪里、那些顶级文案大神的写作秘诀，以及通过怎样的刻意练习让自己向之靠近。

现如今是移动互联网时代，信息传播更快、覆盖更广，用户注意力越来越稀缺，这就给文案人提出了更大的挑战，只有优质的内容才会被关注。

英国作家诺曼·道格拉斯（Norman Douglas）曾经说过："从一个国家的广告，可以看出这个国家的理想。"

作为一名文案创作者，我们需要具备这种使命感，因为你写下的每一个字、表达的每一个观点，其实都是在践行着一个国家的理想。

请翻开下一页，开启一段我们同行的旅程吧！

目录

前言 | 001

PART 1　准备工作：要做足

01　文案的准备：做好这四步，好文案自己来敲门 | 003
02　文案的策略：方向"对"了，文案才能"好" | 010

PART 2　技巧：文案成长的"快捷键"

A. 单点技巧

01　一语双关法：一种表达，多种含义，让文案"活"起来 | 018
02　二元对比法：有对比，就有突出，就容易记得住 | 026
03　比拟修辞法：跟方文山学比拟，下一个好文案就是你 | 033
04　叠音字手法：文案没气场？苹果风带你造金句 | 039

05 回文修辞法：对话《信条》，打造文字的回环美 | 048
06 迎合认知：你的文案没人信？不妨从这三个方面入手 | 052
07 预期违背：郑重"胡说"，用反转让文案"炸"起来 | 058
08 名句引用：憋不出文案？《论语》里有模板，直接套 | 064
09 参考经典：大神写文案时的灵感都是如何找来的 | 071

B. 复合技巧

01 好文案情商高：四招心理洞察术，摸透需求促成交 | 082
02 好文案会拆词：拆解了十一条文案，只为找到文案金句的撰写秘密 | 088
03 好文案不讲武德：拒绝点到为止，必须直戳痛点 | 094
04 好文案有韵律：三种方法，打造高传播的爆款文案 | 099
05 好文案不落俗：三招五式，写出高端大气的文案 | 110
06 好文案会互动：玩转三要素，抓牢受众的注意力 | 116
07 好文案富诗意：具象化表达情感，让画面感更有记忆点 | 125
08 好文案够彪悍：五类硬核文案，玩的就是心跳 | 131
09 好文案很诱人：如何写出让人直流口水的美食广告 | 135
10 好文案一稿过：三个秘诀，让你避开文案写作禁区 | 141
11 好标题会说话：六大模板，轻松写出10万+爆款标题 | 147

PART 3 　磨炼：文案成长的"慢功夫"

01　勤动笔：这四点建议，请您查收　|　153

02　多经历：管住嘴，迈开腿　|　160

03　少加班：三原因三对策，从此不做"加班狗"　|　165

04　巧"偷懒"：如何玩着把活干完　|　169

05　写作的逻辑：通晓需求，文案就能"变"得有理　|　174

06　广告的风格：从十组案例来看顶尖文案都是怎么写的　|　179

07　文案的维度：理性还是感性，广告策略来决定　|　184

PART 4 　故事：文案大神的养成史

01　大卫·奥格威：平凡人如何蜕变成"广告教父"　|　191

02　尼尔·法兰奇：不断被开除的"文案之神"　|　202

03　乔治·路易斯：最有天分的"广告疯子"　|　211

04　尼尔·法兰奇PK大卫·阿伯特：一瓶威士忌引发的神仙比稿　|　219

05　那些年，文案大师们开过的车　|　228

06　做广告必须知道的几位广告人　|　238

PART 1

准备工作：要做足

01　文案的准备：做好这四步，好文案自己来敲门

事实证明，无论做什么，准备工作都非常重要。写文案，当然也不例外。

写，只是最后一步。

之前的准备工作做足了，之后的文案，才能更顺滑、更流畅、更舒服。

在看过很多文案大神的作业习惯之后，关于文案的准备工作，我发现主要有这么几个方面：

一、收集资料：资料越全面，文案越简单

"文案女王"林桂枝说："收集资料是顺利工作的起点，它会让你获得最佳的起跑优势。"

瑞士著名钟表品牌百达翡丽（Patek Philippe）流传最广的广告语——"你无法真正拥有百达翡丽，你只是为下一代保管"的作者蒂姆·德兰尼（Tim Delany），每次写文案的时候，都会把所有拿得到的资料放在一旁，供随时查阅。

你无法真正写出文案，你只是把资料消化后再写出来而已。

无论是产品资料、竞品资料还是用户资料，你掌握得越多，出错的概率就越小，有时资料找完，文案也写完90%了。还有些时候，一个大创意可能就隐藏在某份资料下面，等着你去发现。

正如英国萨奇广告公司（Saatchi & Saatchi）的文案大师西蒙·迪克茨（Simon Dicketts），他曾在1984年为英国保守党撰写了一篇超走心的竞选广告文案。

为了这篇文案，西蒙·迪克茨花了大把时间收集对手英国工党的资料，从施政纲领到新闻报道，从田野调查到民意报表，就在这个过程中，一条若隐若现的线索逐渐清晰，最终写出了这则著名的竞选文案。

> 投票给工党就等于在这份合同上签字画押

1. 我放弃为我的孩子择校的权利，并且绝对服从国家以我个人的名义所做的一切决定。

2. 我允许工党带领英国脱欧，即使我的工作和其他250万英国人一样，靠的是英国与欧洲国家间的贸易往来。

3. 眼睁睁看着警察机关受制于政治控制，即使这样一来会削弱他们维护法律与秩序的能力。

4. 我同意英国现在就放弃使用核威慑计划，哪怕这一计划已经在欧洲维持了近40年的和平。与此同时，我完全能理解俄国佬不会做出同样的决定。

5. 我愿意让自己的存款即刻缩水，以此紧随工党希望英镑贬值的步伐。

6. 我允许政府向其他国家借钱，能借多少就借多少，我也愿意让我的孩子们来还债。

7. 我完全赞同大规模地国有化，尽管对我而言这意味着要缴纳更高的赋税。

8. 即使我被强迫加入某个工会，我也一点不介意。我并不奢望投票选举工会的领导，也不介意在被告知要举行罢工之前是否进行过无记名投票。

9. 我放弃购买政府福利房的权利。

10. 我不介意支付更高的地方税。

11. 我同意让政府把我的养老保险金用来投资任何他们认为合适的项目，不论这些项目能否带回好的收益与回报。

12. 我能够理解工党的一揽子计划可能意味着物价会再次翻倍，跟他们的上个任期一样。

13. 我意识到我必须马上放弃在保守党政府那儿获得的减税政策。

14. 我放弃自己和家人去任何私立医院就诊的权利。

15. 我知道一旦我签字同意了，5年之内我将无能为力。

西蒙·迪克茨提炼了14条工党的执政"条款"，每一条都让多数选民难以接受。文案告诉人们，如果投票给工党，就是在这份协议下签字，且5年内不能后悔。

通过对资料的充分研究和提炼，西蒙·迪克茨让复杂的政治变得一目了然，充分放大对手的劣势，使得很多态度摇摆的选民明确了选择，最终帮助保守党赢得了大选。

二、查找案例：看看其他作品，然后超过或者学习它们

"文案之神"尼尔·法兰奇（Neil French）写文案，会把类似产品的广告全部研究一遍，为的不是找灵感，而是确保自己写的和他们完全不同。

如尼尔所说，如果你把某个类目的所有广告看一遍，会发现它们形成了一种格式。这些格式随着时光流逝固定下来——汽车广告看起来像汽车广告，银行广告看起来像银行广告。所以，如果你能做出个看起来像银行广告的汽车广告，你就可以鹤立鸡群了。

而另一位英国文案大师克里斯·奥谢（Chris O'Shea）则恰恰相反，他每次写文案，会抱上两本广告奖作品集钻进浴室锁上门，然后边看边写。

之所以要拿作品集，为的是遍读好广告，以便让脑子里充满高品质的文字。无论是为了避开俗套，还是为了寻找感觉，查找案例都是文案写作前必不可少的一步。

曾经有位女同事特别佩服她老板，开会时各种文案金句张口就来，后来才发现，那些都是经典案例里头的文案句子。

所以，哪有什么才华横溢，只不过是比你多看了两个案例。

三、试用和考察：亲身体验是创意灵感的源泉

深圳"香蜜湖熙园"的楼书，是被地产文案奉为圭臬的经典之作。作者是有"深圳第一文案"之誉的蒲石。据传在动笔之前，蒲石买了两瓶酒，去了香蜜湖公园。

在公园湖边，一个人，两瓶酒，举杯邀明月，对影成三人，喝

得酩酊大醉，困了就睡在湖边。第二天回到公司，5379个字的楼书文案一气呵成，没改一字。

以下内容节选自"香蜜湖熙园"的楼书：

▶ 走进香蜜湖熙园，我用了40年

注定会在今天，开完新闻发布会以后，信"马"由缰，走向香蜜湖。

把"宝马"停在很远的地方，生怕惊动了香蜜湖静谧的空气。

步行。

脚踩在茂密的青草上，飘飘然，轻松的感觉。

身体和这无边的宁静摩擦，刹那间，震撼的感觉，仿佛湿漉漉的水汽弥漫。

昆虫唧唧，鸟儿啾啾，草木逍遥，湖水荡漾，云影悠悠……

内心的声音，和天籁共鸣。

日光从树梢上流淌下来，在宁静的时空中，雕塑出缓慢而且优雅的姿势。

夜深了，仍然伫立在湖边，体验自然、情感的变幻。蓦然渴望在这里，在香蜜湖绝版地带，拥有自己温馨的家园。

终于走进熙园。我心中的日内瓦湖，我用了40年。

同样的经验，林桂枝也介绍过，她在写文案前会去充分体验客户的商品或服务。

"如果是食品，我就去吃，是护肤品，就去抹。如果产品还没生产，那我会去客户的研发部门看看。一定要自己用过，品尝过，

深入研究。"

假如手头做的是快消品,那她会去超市与促销员聊天,观察谁在买,看看竞争对手有什么动作。

为了做广告创意,林桂枝学过化妆、学过汽车原理(虽然至今也不敢开车),还研究过城市规划、药物医疗、速冻技术,等等。

有时客户给到的要点并不能代表一切,只有亲身体会过,才能拥有独属于你的体验,而那才是文案的源泉。

四、思考沉淀:让子弹飞一会儿,让文字来敲门

尼尔·法兰奇分享他的创作经验,最开始也是最重要的一点,就是像躲避新型冠状病毒肺炎一样躲避动笔的诱惑。

他每次读完简报,倾向于去打打台球,或者是和不适宜来往的女性搅和一阵。慢慢让简报里的重要信息沉淀下来,让不重要的垃圾信息淡出脑海。

而每当尼尔·法兰奇写长文案的时候,他会先准备点红酒,找一个大号的昂贵酒杯(弹一下"叮"很久的那种),然后在杯子里倒些酒,开始思考文案。

不成句的短语、聪明的句子、巧妙的词汇一一跑过脑海。但他不会写任何东西,绝不向提笔的诱惑屈服。

当他把酒喝完了,他通常也不再去想文案的事了,就回去躺一会儿。当他醒来就准备奋笔疾书了,任何躺一会儿以后还剩下来的东西,显然都是值得记忆的,就写进文案里,而忘记了的东西,显然是不值得记忆,也就不用写进去……

同样地,林桂枝在想一个创意时,也会停下来去干点别的,让

思想沉淀一下。不去看它，不去想它。如果时间允许，第二天早上再看。过了一个晚上，太阳出来了，人们对事物的看法往往会不一样。

所以，不要总是抱怨写不出文案，你上来就直奔主题，难免思路干涩，笔头不顺。要好好反思，是不是准备工作没有做足。

02 文案的策略：方向"对"了，文案才能"好"

文案与策略，就像是"0"和"1"。

有0没1，满地飘零，结果就是0分；有1没0，一无是处，顶多就是1分。

只有"0"和"1"合在一起，才能化为成千上万，产生无穷威力。

一、什么是策略？是方向，是枷锁

广告策略：

1.常用武器：PowerPoint或Keynote；

2.输出对象：甲方客户；

3.格式特点：伴随大量的推导，而结论往往只有一句话。

策略的模型千千万，比较大气的一种，如深圳市风火创意管理股份有限公司（简称"风火创意"）的"打通天地人，抓住精气神"：天时（市场/政策）、地利（差异化）、人和（目标客群），结合自身优劣、竞品特点、市场环境、客群需求，得出"人无我有"用户需要的核心诉求。而洞察是这一系列分析推导的基础。

对于策略而言，无所谓走不走心、动不动人、震不震撼、有无高度、有无传播力，它的要求就是一个——"正确"。

刚入行的时候，老文案总是跟新文案念叨一个词——"开窍"，后来才明白，所谓"开窍"，就是懂得文案好坏的第一标准，不是文字的精彩，而是要符合策略，首先要写"对"，然后才是写"好"。

二、什么是文案？是舞蹈，戴着枷锁的舞蹈

广告文案：

1.常用武器：Word和TXT；

2.输出对象：目标客群；

3.格式特点：根据策略演绎而成，风格多样，形式不限。

文案的任务，就是将策略推导出的核心诉求，用更有传播力的文字深入用户心智，去解决需要解决的问题。

在策略的框架下，文案结合媒介特点和传播需求，篇幅上可长可短，形式上可大气、可细腻、可走心、可卖弄。

文案的技巧不胜枚举，如比喻、拟人、比拟、类比、箴言、具象化、矛盾组合、细节说话、事实说话、巧用数字、价值最大化，等等。

如果文案是舞蹈，那策略就是枷锁；如果文案是跑车，那策略就是高德地图。

我们见过太多只有"1"的出街文案，平平无奇到视线扫过毫无印象，因为它们被大脑认定为垃圾信息而选择性忽略。比如：

◎大师风范，恒久品质——某品牌实木家具

◎贡献清洁能源，创造美好生活——某品牌润滑油

◎原生态，为您开启健康美味——某品牌坚果
◎真彩色，真世界，真我释放——某品牌电脑

如果预算无限，能把一句平平无奇的文案砸出洗脑效果，那当然没问题。不过，那就和文案无关了，毕竟在人民币玩家面前，一切规则都不值得一提。比如：

◎今年过节不收礼，收礼还收脑白金。

而那些只有"0"的文案，我们见的就比较少了。因为基本都会被甲方拍死，根本没有出街的机会。

三、从策略到文案的经典范例：农夫山泉

同样是人民币玩家，农夫山泉走了一条和脑白金、加多宝完全不同的路，不仅用钱砸出了销量，更打造出一个真正有价值的品牌。

20世纪90年代，瓶装水市场是纯净水的天下，娃哈哈、乐百氏两强争霸，一个换着当红明星在电视上反复念着"娃哈哈纯净水"，一个凭借"27层净化"深入人心。

此时养生堂有限公司强势杀入，在1996年推出了农夫山泉，采用千岛湖自然水源，从产品层面区隔开两大巨头。广告策略主打"天然水"概念，并在其后20年的营销传播中一以贯之，从感性到理性，从体验到人文。[1]

---

[1] 空手：《中国首富钟睒睒的营销秘籍：回顾农夫山泉24年品牌发家史》。

这20年间,农夫山泉的广告语换了一个又一个,却始终未曾偏离"天然水"这一策略。

◎1998年:农夫山泉有点甜。
◎2007年:天然的弱碱性水。
◎2008年:我们不生产水,我们只是大自然的搬运工。
◎2015年:每一滴水都有它的源头。
◎2018年:什么样的水源,孕育什么样的生命。

同样是坚持一个策略,同样是一年十几亿广告投入,农夫山泉却未把这个策略直接当文案,用一句"天然水,更健康"或"天然好水,喝农夫山泉"反复洗脑20年,而是在这一策略下,将文案精心运营,在品牌的不同阶段根据市场、对手、用户需求的变化不断升级,持续积累品牌价值,统一品牌认知,将用户心智这一块拿捏得死死的,在国内3000+瓶装水品牌中,稳居榜首。

农夫山泉的广告策略是从产品设计之初就定下的,但在更多情况下,策略并不是先已有之,而是要基于洞察,通过充分的推导论证得出。

四、香蜜湖1号的策略:豪宅No.1

2000年后,深圳房地产迎来第一次爆发,各种豪宅层出不穷,另一面是深圳刚富起来的暴发户,正迫切寻求一切身份符号来彰显自己的地位,当几十万的手表、几百万的豪车、几千万的游艇都不足以标榜身份,那就只剩下豪宅了。

当年的风火创意在操盘香蜜湖1号时,正是洞察到了这一需求,提出"豪宅No.1"的策略——只要你是No.1,只要你能匹配我的身份,那么价格就是最无关紧要的事了。深圳房价的天花板就这样第一次被击穿。

香蜜湖1号当年的出街文案标题,这里贴几个感受一下:

◎此前所享,皆属平常。
◎天赋大地,不为造就平庸。
◎作为筑城的先行者,你有义务成为领袖。
◎得城市以土地,还城市以香蜜湖1号。
◎对领袖而言,很多人的评价,只是揣测。

每一句文案都是在制造区隔,将之塑造为另一个高度的豪宅。

其实单纯论产品力,香蜜湖1号并非没有对手,但通过"豪宅No.1"的策略,香蜜湖1号坐稳了当时"深圳第一豪宅"的位置。一时间"你抢到香蜜湖1号了吗"成为深圳富豪打招呼的常见方式。

策略是把文案写"对",关键是把文案写"好",从写对到写好,是从无数经典案例中总结出的法则,但也并非不可打破,从一句石破天惊的文案倒推策略也未尝不可。

创意没有极限,只要你足够优秀,就可以跳出规则束缚,甚至创造新的规则。

PART 2

技巧：文案成长的"快捷键"

>> A. 单点技巧

01 一语双关法：一种表达，多种含义，让文案"活"起来 >>

1959年，那是一个冬天。

纽约的麦迪逊大道上，一阵冷风吹过，行人们纷纷捂紧了风衣。

在街角处的一栋大厦里，恒美广告公司（DDB）客户部的电话响了起来，来电者是他们最大的客户、尼龙生产商开米斯坦德公司（Chemstrand）。

"亲，在吗？我们仓库里的紧身裤快堆成山了，这边打算在《知音》打个跨版广告，需要你们尽快出一下，要能带货的那种！"

老板威廉·伯恩巴克（William Bernbach）刚好出差了，客户经理不敢耽搁，立马把Brief[①]转发给这个项目的艺术指导乔治·路易斯（George Lois）。

路易斯听罢，把跷在桌上的二郎腿拿下来，想了一会儿，然后

[①] Brief，创意简报，也叫工作简报，即广告公司客户部人员在了解客户需求后，给内部创意部下达工作指令的书面文件。

歪嘴一笑，在纸上画了个草稿就继续偷懒了。

客户经理把草稿发给客户，那边迅速回复了一个"OK"。

时间紧，任务重，他们去学校找了位女学生做模特，来不及找手部模特了，路易斯只能亲自上阵，做出了一则这样的广告。

画面为：一个曲线凹凸有致的女子穿着紧身裤，背后一只手放在女子的臀部，做出一个"推"的动作。文案如下：

> 我们在推紧身裤

天冷了，而且越来越冷，这正是推出紧绷绷的紧身裤的好时机。开米斯坦德将为你提供以下帮助：我们的广告部会刊登一个全页的彩色增刊（主题是适合任何用途和任何年龄的紧身裤），仅在100个重点市场的报纸上发布。

我们为你提供特别的促销装备：包括两个非同寻常的柜台促销卡、许多附加赠品（12月1日左右向开米斯坦德索取）。让你的橱窗、广告、店内陈列都与开米斯坦德的紧身裤联系起来。

紧身裤正蕴含着巨大的生意。千万确定你拿到你的那一份。

广告出街直接刷屏，紧身裤卖爆了。想要赚差价的中间商排着长队来进货。客户说这是开米斯坦德有史以来最成功的广告。

老板伯恩巴克出差回来，一看杂志差点跌倒，说这太恶心了，把路易斯狠撑了一顿。

路易斯指着老板的鼻子说："你，就是个伪君子！"趁老板还没反应过来就跑出了办公室……

然后，我们再来回味一下这个广告：

◎WE'RE PUSHING LEOTARDS.（我们在推紧身裤。）

其实，这里用到了一个"双关语"的手法，第一层含义是"推售"紧身裤，第二层含义是用手"推"一个穿紧身裤的女子，用一个巧妙的画面呼应文案，图和文产生了美妙的化学反应，充分引起了受众的兴趣。

关于双关语文案，很多人对这种"小聪明"并不认同，例如"广告教父"大卫·奥格威（David Ogilvy）在其经典著作《一个广告人的自白》中写道：

有些文案常写一些故意卖弄的标题——双关语、引经据典或者别的晦涩的词句，这是罪过。

奥格威老爷子认为，双关语对信息传达非常不利，读者在高速阅读的途中，你用这种聪明？小聪明啊，来，绕，来，偷袭，会让人难以理解。文案要以简为贵，标题要像电报一样简洁直白，不要耍这种小聪明。

而这，也正是以大卫·奥格威为代表的"科学广告学派"的核心理念。

对于此，"艺术广告学派"的代表人物威廉·伯恩巴克和乔治·路易斯坚决反对，路易斯直接说："如果广告是科学，那我就是个女人。"

就在他们吵得不可开交时，麦迪逊大街另一位广告传奇人物——保罗·西尔弗曼（Paul Silverman）站出来表示：

如今双关语是一种很危险的游戏，但真正聪明的双关语还是会奏效。因为任何真正聪明的东西都可以打破规则。

保罗·西尔弗曼还有一个身份，就是如今在中国大火的皮靴品牌添柏岚（Timberland）曾经的御用文案。

他可能永远想不到，在他发表这番观点50年后的今天，在遥远的东方，一位文案人员给Timberland取了个极妙的双关语中文名——"踢不烂"。

一层含义是Timberland的中文音译，另一层含义是体现它结实耐穿的特点——怎么踢都踢不烂。

"踢不烂"的成功，充分印证了保罗·西尔弗曼的观点，真正聪明的双关语真的会奏效。

无论是中文还是英文，都存在一字多意或一个单词多种解释的现象，这就为双关语提供了数不尽的创意可能，例如下面这些"聪明"的双关语文案。

一、融入品牌名的双关语文案

双关语的优势，一是多重含义，耐人寻味，二是多重含义带来的巧妙感可以给人留下深刻的印象，这是双倍的快乐。

而有些双关语文案除了上述优点外，还能将品牌名称融入，如此一来，就是三倍的快乐。

◎要淘宝，到易趣——易趣网

当年另一个网购巨头易趣和淘宝的竞争广告文案，意为在易趣才能淘到宝。

◎常来常熟——江苏常熟城市宣传语

一方面告诉你要常来常熟市，另一方面是说经常来自然会越来越熟，蛮有人情味儿。

◎我靠重庆——湖北利川的公交车广告

2012年6月，紧邻重庆的利川市为了在重庆宣传旅游，利川旅游局在重庆投放了这款公交车车身广告，引起社会各界的极大争议。利川，就这样在大家的关注讨论中被记住了。

其他的案例，如：

◎用大金，省大金——大金空调
◎茶有益，茶有大益——大益茶
◎好险，有南山——南山人寿保险
◎买保险，就是买平安——中国平安保险

二、热点借势的双关语文案

所谓追热点，就是在热点和自己之间找一个"连接点"，从而把热点的流量导入到自身的一种传播行为。其中，结合点找的越巧妙，蹭来的热度就越多。

双关语一语双关的特点，天然的就适合作为热点借势的"连接点"。

一个著名的双关语借势文案就是奔驰的高考热点海报：

◎不会选的时候，一定要选C。

选择题不会就选"C"和选车选"奔驰C级"，一语双关，结合得很完美。

但就个人而言，更喜欢翰佛广告（H&B studio）的作品，在创意巧妙这个层次之上，有着更多的人文关怀。

例如，江西商联中心的妇女节热点海报：

◎Men left women right.

第一层含义："男左女右"；第二层含义："left"有"离开"的意思，"right"有"正确"的意思，意为"男人靠边，女人永远是对的"。

在国际妇女节这天，把中国的传统习俗和西方的绅士风度结合在了一起，妙啊！

三、融入产品的双关语文案

我们在写产品文案时，总是在追求用更少的字传达更多的信息，双关语刚好能满足这个要求。

一种表达，多种含义，省字又省心。

例如,长沙保利国际广场的一则报纸广告文案:

> **长沙的保利藏家**

保利这名字,可以有很多联想。
江藏寓,寓藏江。
是你收了江,还是寓笑纳了你?
人人抬头见寓,但少数人一眼见江。
收纳江,收讫见保利。
藏一套公寓。藏一窗风景。藏一段洲头的国史。
藏一方风云际会的时空。
藏家。藏品。封江大利。

对于这一期的出街报广,作者本人——中国地产广告元老级人物程鸿蔚并不是百分之百满意,但从回报来看,流量是值回了票价的。

"保利"一语双关,既是开发商品牌,又指具有"保利"功能、值得藏家收藏的临江公寓。从标题到内文,都是两层含义、双重视角在里面,懂的人自然懂,不懂的人不要求他懂,因为大家想的本不是一回事。

双关语的产品文案有时还能带来别样的趣味。例如,重庆中航My TOWN楼盘打在重庆地铁车厢的上沿广告:

◎小的来了。

"小的"一方面指小户型产品,另一方面也可理解为项目对客户的尊称,好像在说:"大人,小的来了!"

更有趣的还是下面这个,来自必要商城的一款男士莫代尔内裤的上新文案:

◎做老大,要让小弟舒服一些。

其实技巧并无高低之分,关键还是看用的水平高下。用得巧,是加倍的快乐;用得糟,就还不如不用。双关语文案如此,其他的文案也是一样。

02　二元对比法：有对比，就有突出，就容易记得住

1969年7月20日，月球表面。

阿姆斯特朗（Armstrong）将左脚踏上月球，豪情万丈地说道："这是我个人的一小步，但却是全人类的一大步！"

世界为之动容。

公元前200年，民间诗歌《长歌行》吟道："少壮不努力，老大徒伤悲。"

小时候你被它教育，现在你用它教育孩子。

两句名言金句，横亘中外，流传千古，响彻地、月两球，如此宇宙级的传播力从何而来？

从文案角度来分析，它们其实都用了同一种文案技巧。

英国文案大师阿尔弗雷德·马尔坎托尼奥（Alfredo Marcantonio）在《创意之道》中提到，这个星球上没有一个顶级文案不曾在标题或内文中用过这个技巧，它就是"二元对比法"。

他先列举了地球上最著名的二元对比案例：

◎生,还是死——莎士比亚

又列举了月球上最著名的二元对比案例:

◎这是我个人的一小步,但却是全人类的一大步——阿姆斯特朗

他还举了其他例子,如"小话机的大网络""大名鼎鼎之品牌,前所未闻之价格"等。

阿尔弗雷德认为,二元对比蕴含的相似和对比,不仅令人印象深刻,而且便于记忆。

就和你玩《愤怒的小鸟》一样,是先向后拉,再向前射。当把你拉向一个方向,再突然推至反方向,在这种张力作用下,无论身体还是心灵都更容易被打动。

在广告文案中,最经典的二元对比案例出自鲍勃·利文森(Bob Levenson)。这位曾被阿尔弗雷德模仿的著名文案,被誉为"文案中的文案"。

他给恒美广告公司撰写的广告标题将二元对比运用到了极致。

◎Do this, or die.(要么如此,要么去死。)

干净利落,字字千钧,引无数大咖竞模仿。

前有勒布朗·詹姆斯(LeBron James)的总决赛宣言——"Now, or Never.(现在,或永不。)"后有梅赛德斯-奔驰(Mercedes-Benz)的广告语——"The best or nothing.(不极致,则平庸。)"

不只是广告文案，古今中外成功的演说家、诗人、作家也窥得其中奥秘，他们施以妙手，将二元对比的魔力注入语句，以达到影响人心的目的。

1963年，美国黑人运动领袖马丁·路德·金（Martin Luther King）在《我有一个梦想》的演讲里说道：

我有一个梦想，希望有一天我的四个孩子被评判，不是以皮肤的颜色，而是以品格的优劣。

震撼心灵的呐喊，让无数白人也为之落泪。

1000多年前，在遥远的东方，杜甫用更加言简意赅的诗句写出了社会的不均和阶级的对立：

◎朱门酒肉臭，路有冻死骨。（大户人家飘出酒肉的香气，大路上冻死的人却无人收尸。）

没有对比就没有伤害，唐代由盛转衰的历史巨变，尖锐的社会矛盾和人民疾苦，被一笔写尽。

1980年，顾城在《星星》诗刊发表了两行小诗《一代人》：

◎黑夜给了我黑色的眼睛，我却用它寻找光明。

仅仅18个字，引发的力量却震动了整个诗坛。

100多年前，法国作家维克多·雨果（Victor Hugo）在《海上劳工》中也写道：

◎哪里有阴影，哪里就有光。

黑暗与光明，绝望和希望，在对比中升华，激励人们勇敢前行。

1912年，印度诗人拉宾德拉纳特·泰戈尔（Rabindranath Tagore）在《吉檀迦利》中写道：

◎离你越近的地方，路途越远；最简单的音调，需要最艰苦的练习。

告诫人们最触手可及的人和事，反而需要更用心地去理解和奋斗。

2004年，江湖人称"团长"的广告人陈绍团在奥迪A6L的上市广告中也用到了类似句式：

◎最好的答案，不在熟悉的路上。

对比和碰撞中，用打破常规的观点，生动诠释了奥迪A6L的传播主题——创想。

在陈绍团的笔下，二元对比法呈现了无数可能，如上海万科·兰乔圣菲的广告文案：

◎没有一定高度，不适合如此低调。

◎有痕迹，才够完美。

◎没有CEO，只有邻居。

◎踩惯了红地毯，会梦见石板路。

◎一生领导潮流，难得随波逐流。

这一系列文案成为万科品牌史上最具影响力的传播案例，直到今天仍然为人津津乐道。

同样经典的二元对比案例，还有程鸿蔚的太原星河湾系列文案：

◎满街的悍马，也掩盖不住心情盛开的驼铃。

◎走得出汾河的视野，走不出杏花的呼唤。

◎大院越深，越眷恋祖屋的天际线。

悍马与驼铃，大院与祖屋，走得出与走不出的相反相成，极具戏剧化张力。

当然，还有蒲石为"城市主场"楼盘所写的广告语：

◎这个城市不是我们的故乡，却有我们的主场。

先抑后扬，拨动无数新深圳人内心深处的那根弦，这是每一个在深圳苦苦挣扎的人，从内心深处发出的呐喊。包括蒲石自己。

再看1954年罗瑟·瑞夫斯（Rosser Reeves）为玛氏糖果M&M巧克力豆撰写的文案：

◎只溶在口,不溶在手。

广告画面:一只脏手,一只干净的手。画外音:哪只手里有M&M巧克力豆?不是这只脏手,而是这只手。

瑞夫斯的广告让这款销售一般的巧克力豆的名声和销量齐飞,60多年过去,这句话至今仍是M&M的广告主题。

1992年,知名广告人朱家鼎为铁达时手表撰写的广告语:

◎不在乎天长地久,只在乎曾经拥有!

让这款此前也是不温不火的手表品牌一炮而红,这句话也成为20世纪90年代中国香港的流行语。

在这些顶尖文案人的手中,二元对比法摇曳生姿,幻化出无穷无尽的经典文案,影响力穿透时代。

经典的例子不胜枚举,在灿若星河的文案海洋,闪烁着经久不灭的光芒。

◎没有最好,只有更好——澳柯玛电器
◎不见身家,只见家——山外山地产
◎多数人知道,少数人了解——保时捷跑车
◎哪有什么天生如此,只是我们天天坚持——Keep(运动健身APP)
◎Small but tough(小但结实)——大众Polo轿车

让平淡无奇变得妙趣横生,让苍白无力变得张力十足,这就是二元对比的魅力所在。

但是,技巧就是技巧,技巧不等同于能力。

好比同样是一把好刀,有的人用来杀猪,有的人用来屠龙,有的人用来切菜,有的人却能用来雕象牙。

而这其中的差别,就是个人的功力所在了。

03 比拟修辞法：跟方文山学比拟，下一个好文案就是你

作词人方文山，一座文案无法逾越的高山。

据说写文案，一定要听方文山，但听了上百首方文山写的歌，却未必能学会方文山的文案方法。

"天青色等烟雨，而我在等你"，是用了什么文案手法？

"一壶漂泊，浪迹天涯难入喉"，又是用了哪种修辞技巧？

其实，方文山至少有一半以上的歌词，都用到了同一种手法，那就是比拟。

所以，如果学会了这，你就是半个方文山了。

什么是比拟？

翻开《现代汉语语法修辞教程》：比拟就是把一个事物当作另外一个事物来描述、说明。比如将物比作人，将人比作物，或将甲物化为乙物。

一、将物比作人

◎天青色等烟雨，而我在等你——《青花瓷》

通常只有人才会"等"另一个人,这里的天空却在"等"烟雨,天空被赋予人的特点,仿佛有了情感。

将物比作人的比拟也称拟人,即将人的特点转移于物,可以将事物写得具体、生动、形象,因为人类对自己的这些本质特点最为熟悉、最为理解,也最易接受和产生共鸣。

拟人手法,是方文山歌词里的常客。

◎不要哭,让萤火虫带着你逃跑——《稻香》
◎窗外的麻雀,在电线杆上多嘴——《七里香》
◎我随寂寞流浪,对你的所有喜欢——《禁止悲伤》

"寂寞"如同是一个人,可以追随它四处流浪。

同样的拟人手法也频繁出现在一些优秀的文学作品里。

◎群山肃立,江河挥泪——纪录片《敬爱的周恩来总理永垂不朽》
◎我朝深邃的黑夜扔了块石头,它没有丢回来——蔡仁伟《失眠》

在广告文案中,拟人手法的案例更是数不胜数。

◎与建筑之间的尺度,树很满意——深圳华侨城·曦城
◎檐下的风,宠爱着风铃——方文山&沙宣洗发水
◎一口咬破,汤汁宣布解封——武汉四季美汤包
◎你不去看世界,世界也懒得看你——高德地图

◎白云把蓝天置顶，长尾雀给黑颈鹤留言，风转发了矢车菊的种子，漫山的杜鹃花正刷屏，你，却还在刷手机？——香格里拉·普达措公园

◎时间有个好习惯，目中无人——时间廊手表

二、将人比作物

◎菊花残，满地伤，你的笑容已泛黄——《菊花台》

"泛黄"通常是形容照片或纸张的变化，这里却用来形容人的笑容，一种笑容依旧但物是人非的画面感自然流露。

人拟物就是赋予人以动物、植物或无生物的某些特征，可以给人以形象感和新奇感，收到生动的、富有情趣的表达效果。

比如，以下两句方文山的歌词：

◎梦在远方，化成一缕香，随风飘散你的模样——《菊花台》

◎塞纳河畔，左岸的咖啡，我手一杯，品尝你的美——《告白气球》

通过人拟物，人的模样如烟随风飘散，人的美也可以像咖啡一般被细细品尝，对伤感和美的描摹，可谓曲尽其妙，惟妙惟肖。

作家和思想家们，对此也是屡试不爽：

◎颂莲的心里很潮湿，一种陌生的欲望像风一样灌进身体——苏童《妻妾成群》

内心世界因为欲望，变得和空气一样潮湿。

◎在这里的人们中间，我最不愿与之离别的就是海涅，我恨不得把您也装进我的行李袋中去——马克思《给海涅的信》

马克思将海涅当作行李一样来处理，有点调皮。人拟物手法的运用，让马克思都可以显得十分风趣。

再看看人拟物在广告文案中的经典案例。

◎谁让这流动的人生，有了甘心凝固的理由——万科·波托菲

将人生比拟为流水，能奔涌向前，也可甘心凝固。

◎睡在山海间，住进人情里——爱彼迎（短租公寓预定平台）
◎青春，再不晒就霉了——Flow（社交APP）

三、将甲物化为乙物

◎一壶漂泊，浪迹天涯难入喉——《东风破》

"漂泊"本是无形物，这里却被装进了壶，变得具体可感，像是一壶烈酒，让浪迹天涯的人难以入喉。

通过物和物之间不同属性的转嫁，让抽象变得具体，让死板变得生动，唤起联想与想象，使人更具体地感知事物。

再看几句方文山的歌词，同样是将虚拟化为具体：

◎我就站在布拉格黄昏的广场，在许愿池投下了希望——《布拉格广场》

◎如果华陀再世，崇洋都被医治——《本草纲目》

崇洋媚外的观念，像一种病被医治。

◎岁月在墙上剥落看见小时候——《东风破》

无形的岁月像是墙皮一样一层层剥落，露出儿时的光阴，妙极了。

物物比拟的生动形象，在作家笔下更是大显身手。

◎他们……挥动竹枝扫把，在默默地扫着，默默地扫着。好像春天，夏天，秋天，冬天，都是在他们的竹枝扫帚下，一个接一个地被扫走了，又被扫来了——古华《芙蓉镇》

◎她似乎衣袋里全装着天真，一掏出来就可以用——韩少功《火宅》

如此实用的文案技巧，广告文案创作者自然也不会放过，经典案例不胜枚举。

◎癌症治愈烟瘾——癌症患者援助协会

无形的绝症被比作有形的药品，而且充满戏剧性的反差。

◎把激情燃烧的岁月灌进喉咙——红星二锅头酒

◎放肆撒野,咬住春天——淘鲜达(淘宝旗下食品生鲜配送平台)

春天仿佛像春卷儿一样一咬嘎嘣脆,生动形象有味道。

当然也少不了方文山自己写的广告文案:

◎此刻微笑,清爽而透明——海飞丝洗发水

◎秘密,揉捻进我的笑容里,弯成刚刚好的角度——饮冰室茶集

最后总结一下:

比拟手法,常见的应用类型分为三种:

1.物拟人;2.人拟物;3.物拟物。

将事物通过相通的特点建立连接,然后经过合理的属性转移和创造性想象,而变得富有艺术魅力。

这就是比拟,学会了,你就是半个方文山了,可以让你的文案散发出方文山歌词一般的魅力。

但是,我们不应该只满足做半个方文山,而是要融会贯通,跨越文案的高山,去做一整个的自己。

04 叠音字手法：文案没气场？苹果风带你造金句 >>

2015年春季的某天。

一名中国的翻译兼创作者从春困中醒来。

他慵懒地点开Gmail，一封来自苹果总部的邮件让他虎躯一震。点开邮件，一堆英文字母和两张手机图片映入眼帘：

◎iPhone6：The two and only.

这正是苹果iPhone6的英文广告文案。

他的任务，是对这句文案进行中国内地版的本土化翻译。明天，苹果大中华区的创意总监要拿着它给苹果全球创意总监审查。

怎么译呢？不如先翻译成大白话：这两部手机，是全世界仅有。

大概是这么个意思吧！

虽然苹果要求中英文吻合度要在90%以上，但中文意境也不能丢，要避免去年"比更大还更大"这种失误，被吐槽不说，中途被撤换也是颜面扫地。

不知不觉一个小时过去了,他盯着电脑上敲出来的几行字,陷入枯竭⋯⋯

绝无仅有的一对;

独此,一双;

两个独一无二的选择;

唯二?

⋯⋯

不是太平淡,就是太偏离原版⋯⋯怎么办,没灵感啊!

什么?中国香港和中国台湾的创译人员已经交作业了?

来,参考参考——

◎中国香港:"两款,世上无双。"

◎中国台湾:"两款,无双。"

事到如今,他只有使出自己的杀手锏了——叠音字大法!

"无双"这个词不错,拿来用(港台同胞也没少照搬过我的好词句)。

那下半句呢,怎么和"无双"叠音呢?成双?此双?一双⋯⋯

有了!

◎无双,有此一双。

打卡下班。

5月中旬，中国内地苹果官方网站更新，当天朋友圈便热闹起来：

【Apple资讯】Apple更新官网文案"无双，有此一双"
苹果官网再现神翻译：无双，有此一双
【爆笑】苹果翻译脑洞又开！无双，有此一双！天下无双！
……

知乎上也没闲着：

如何评价苹果官网的新文案设计——"无双，有此一双"？

问题浏览量很快突破30万。

此刻的他，正无聊地刷着苹果官网，寻思着给广告语找点灵感。猛然间他发现，苹果官网的大多数文案标题好像都用了同一个技巧——"叠音字"。

呵，来来回回一个套路，苹果的文案懒起来，还真是"天下无双"呢！

一切还是要从iPhone4S说起——之前的都是苹果公司创始人史蒂夫·乔布斯（Steve Jobs）自己写。

这款在乔布斯去世前27小时发布的iPhone，主标题——"出色的iPhone，现在更出色。"运用了叠音字"出色"。

从这之后，苹果"先叠"带动"后叠"，开启了"叠叠不休"的文案模式。

◎iPhone5——多了更多，少了不少。

◎iPhone5S——超前，空前。

◎5S升级版SE——一小部的一大步。

◎iPhone6——比更大还更大。（因为被疯狂吐槽，主标换为港台版"岂止于大"，叠音字转移到副标——"不仅更大，更大放异彩"）

◎iPhone6新主标——无双，有此一双。

◎iPhone6S——唯一的不同，是处处都不同。

无一例外，都采用了叠音字手法。

除了iPhone，苹果其他产品也是叠音字的重度患者。

【iPad】

◎iPad：这个电脑，拿掉了电脑的条条框框。

◎iPad Pro：不只能做到，还能做到更好。

◎iPad Air：超强，超值。

◎iPad mini：小身型，大有身手。

【iMac】

◎iMac：外形过人，实力过分。

◎iMac Pro：强大，大有专业风范。

【MacBook】

◎MacBook：轻于时代，先于时代。

◎MacBook Pro：一身才华，一触，即发。
◎MacBook Air：轻轻地，再次倾心。

【其他】
◎Apple Pay：这个钱包，有钱没有包。
◎iPod Touch：精工细作，尽情享乐之作。
◎Apple Watch：更自由，更来电。
◎OS X Server：服务器，为人民服务。
……

不看不知道，一看吓一跳。被封神的苹果文案，对叠音字的热衷竟到了走火入魔的地步，简直就是文案界的"叠罗汉"！

叠音字究竟有何妙处，让苹果的大文案"叠叠不休"，不能自拔？我们就来研究一下。

所谓叠音字，就是将同音的字词在前后句中重复运用，同音带来的韵律感，可以增强句子的节奏和气场，让人过耳难忘。同音不同义带来的巧妙和张力，会让文案在受众脑海中多停几秒，然后会心一笑，叹一声：这文案真机智！

朗朗上口，巧妙有趣，所以叠音字文案很容易成为人们津津乐道的"金句文案"。

例如2018年"中国台湾广告流行语十大金句奖"中，10句有7句运用了"叠音字"，出镜率之高堪比易烊千玺。

> 2018年"中国台湾广告流行语十大金句奖"

1. 我们家不爱花钱,除了为爱花钱。√
2. 我们家的财神,就是每个人都有省钱精神。√
3. 旅游这条路上,最怕没人赔。×
4. 没有同意,就是性侵。×
5. 先诚实,再成交。√
6. 从时间,偷一杯咖啡的时间。√
7. 大旅游,不需大理由。√
8. 一杯咖啡的时间,把自己交接给另一个自己。×
9. 有新意,更有心意。√
10. 人们很忙,我不慌不忙。√

叠音字文案不仅金句频出,而且戏路很广,从地产到外卖,可谓"上得厅堂,下得厨房"。

◎地产:境界所在,人杰在——万科·兰乔圣菲
◎外卖:饿了别叫妈,叫饿了么——饿了么
◎电商:没人上街,不一定没人逛街——淘宝
◎日化:有汰渍,没污渍——汰渍
◎汽车:去征服,所有不服——现代途胜
◎酒类:愈欣赏,愈懂欣赏——轩尼诗
◎饮品:一杯喜茶,激发一份灵感——喜茶
◎冰激凌:夏天好热,爱要趁热——哈根达斯

◎短视频：记录世界，记录你——快手
◎文明标语：向前一小步，文明一大步——公共卫生间
……

在各国政治家的政治口号里，也有它的身影。

◎民族、民权、民生——孙中山
◎我来了，我看见，我征服——恺撒大帝
◎民有、民治、民享——林肯

甚至连段子手，也对它爱不释手。

◎别人用的是香奈儿包、LV包、宝格丽包，而我用的是表情包。

如此等等，不胜枚举，上纲上线它可以，幽默风趣也不在话下。
如果有人问：有什么简单易学的技巧，可以轻松写出让人眼前一亮的文案？
我的答案就是叠音字，应用极广，金句频出，效果看得见。
其实不只是苹果的文案，大名鼎鼎的中国台湾奥美和环时互动也是"叠音字俱乐部"的钻石会员。
2014年，环时互动给陌陌（一款基于地理位置的移动社交工具）做的系列海报：

◎世间所有的内向，都是聊错了对象。

◎楼下的门卫，可能是球场搭档的控卫。

◎到哪旅行，都有人同行。

◎爱好再偏门，陌陌也有门。

◎拒绝口是心非，欢迎口示心扉。

2015年，中国台湾奥美的"全联经济美学"系列海报，把叠音字运用到了出神入化的地步，很多都成为当年中国台湾的流行语。

◎我们家不爱花钱，除了为爱花钱。

◎想省钱就一起租房，想更省钱就一起进厨房。

◎为了下一代，我们决定拿起这一袋。

◎懂得怎么花，就能活出一朵花。

◎长得漂亮是本钱，把钱花得漂亮是本事。

◎有了另一半，房租水电也开始省一半。

一口气带你看了这么多叠音字文案，你学没学会不一定，但你一定有种恶心的感觉，对不对？

叠音字虽好，但和任何技巧一样，一旦用多了，就离烂大街不远了（如谐音梗）。

苹果或许也意识到了这一点，从iPhone6S后的iPhone7开始，英文文案一改霸气格调，开始变得淡然。

◎iPhone7：This is 7.

◎iPhoneX：Say hello to the future.

◎iPhoneXS：Welcome to the big screens.

中文翻译也一改重句式的特点，变得直白朴素。

◎iPhone7：7，在此。
◎iPhoneX：你好，未来。
◎iPhoneXS：大屏幕上见。

如同一个武林高手坐稳天下第一之后，不再叫嚣天下无敌，收起了锋芒和霸气，却多了一分沉稳与大气。

这，让我们反思——文案的技巧再花，终究只是锦上添花，句式也不是文案的全部，好的立意，才是文案的第一步。

05　回文修辞法：对话《信条》，打造文字的回环美

你看过克里斯托弗·诺兰（Christopher Nolan）的科幻大片《信条》吗？

上映3天票房破2亿元人民币，但据说一遍就看懂的人，现在将将能坐满一个KTV中包。

估计大多数人和我一样：

"高高兴兴出门去，一脸蒙圈回家来。辗转反侧想不明，打开知乎查影评。"

这个《信条》的故事，诺兰琢磨了20年。影片讲述一个特工为阻止第三次世界大战，进入一个时间流向被颠覆的危险任务之中。

之所以看不懂，是因为这时空逆转的设定颠覆了大脑的习惯认知，导致一时难以接受。

其实影片的英文名TENET，早已道出了一切。

正着是TENET，反过来还是TENET，暗示了电影的剧情设定——故事的开始就是故事的结束，在时间的尽头正是一切的起源。

如同"TENET"这个单词一样，正序、逆序皆为其本身，这种

现象语言学家称之为"回文"(palindrome)。

类似的单词,比如:dad(爸爸)、deed(行动)、ewe(母羊)、pip(种子)……

回文这种奇特的文字现象,不仅存在于单词,也存在于语句。

例如,最著名的一句回文来自法国第一任皇帝拿破仑·波拿巴:

◎ Able was I ere I saw Elba.

相传这是拿破仑被流放到厄尔巴岛(Elba)时说过的一句话,直译就是:

◎ 在我看到厄尔巴岛之前,我曾所向无敌。

著名翻译家马红军老师的翻译为:

◎ 落败孤岛孤败落。

什么叫翻译家?什么叫信、达、雅?这就是了。

汉语里也不乏回文的经典案例,比如:

◎ 人人为我,我为人人。
◎ 上水居民居水上。
◎ 喜欢的少年是你,你是年少的欢喜。
◎ 客上天然居,居然天上客。

◎人过大佛寺，寺佛大过人。

◎上海自来水来自海上。

◎山东落花生花落东山。

音律上的流畅和语义上的精辟，让回文散发出一种特殊的语言魅力，文案大神们自然不会错过这个手法。

以下案例虽然不是100%工整的回文，但同样也是巧妙非常，过目难忘。

◎多喝水没事，没事多喝水——"多喝水"矿泉水

◎普通的改变，将改变普通——淘宝网

◎偷心的人，心已被偷——奔驰

◎你不理财，财不理你——理财周刊

◎痛则不通，通则不痛——中医俗语

◎服装就是一种高明的政治，政治就是一种高明的服装——中兴百货

◎伟大的对手，成就对手的伟大——宝马

◎越往前走，越难；越难，越往前走——奔驰

◎不是现实支撑了梦想，而是梦想支撑了现实——励志短片《星空日记》

无论是"TENET"，还是"人人为我，我为人人"，影片的核心思想——"时空逆转"，其实在中国文化里有一个更精准的词汇，叫作"因果循环"。

影片的结尾"不算剧透的剧透预警",尼尔三次逆转时空营救男主角,分别时微笑着对他说"对我来说,这是我们这段友谊最好的终点""你才走了一半,我在起点等你"……

对于这样一个让人泪目的结尾,有人为之写下一句回文诗:

◎情交一世绝生死,死生绝世一交情。

正所谓"用我的结束,换你的开始,这场已知宿命的逆时守护,成就没有终点的永恒"。

06　迎合认知：你的文案没人信？不妨从这三个方面入手

每一个文案创作者，都希望自己写的东西被人相信，但往往事与愿违。

写文案和读文案的现场，也是作者与读者的大型不信任现场。

写文案的使出浑身解数，试图说服读者相信他的主张，而对方多数是一脸"我不信"的表情。

除非你能像脑白金、加多宝那样，一年十几亿元广告费砸进去，冒着被人嫌弃的风险，把一句话重复千遍，给受众强行洗脑。

但那不是文案的功劳，那是人民币的功劳，只有有钱人的广告才能做得这么朴实无华且枯燥。

如果没有那样的预算，就不要拿"怕上火喝加多宝""收礼只收脑白金"举例子，人民币玩家的套路你可能玩不起。

所以，如何让人相信你的文案呢？

要么把一句文案重复千遍，要么把一句文案千锤百炼。

我们平日见多了那种大投放的广告，但其实更多时候，文案和受众之间的缘分，可能只有一次。

一个开屏广告①，一则户外广告，一条信息流一扫而过，过眼、过耳，不过脑。

如何在这样短暂的时间里获得受众信任，才是真正体现文案价值的时刻。

"宝岛辩魂"黄执中曾经说过，他在《奇葩说》打辩论时，最常听到的就是：黄老师，你节目里讲的话好有道理，这些观点我平常也想到过，可是没办法像你说得这么清楚。

黄执中说：

对这位观众而言，他不是被我说服的，那些看法是早就存在于他的意识中的，只是被我启发了、想通了而已。他没有被改变，是我说出了他心里的话。

没有人喜欢被改变，也没有人会被别人说服，只是他自己说服了自己，是他自己选择了相信。

每个人脑中既有的看法、存在的观念，都是无数过去生活中偏好与选择的结果。我选择了相信我脑子里相信的事情，我选择了产生我现在脑子里观念的立场和价值观。

只有去调动他的已有认知，引导指向你期望的方向，才会使他理解和相信你所讲的事情。

所以，想让文案被相信，就可以借用人们心中已有的认知、观

---

① 开屏广告：即在APP启动时展示的、展示时间短暂的全屏化广告形式，一般可以手动跳过。

念、经历,来帮助你影响受众。

一、营造他熟悉的场景

在人类的潜意识中,未知代表恐惧,熟悉代表安全。大脑毫无逻辑的幼童喜欢黏着自己熟悉的人,"他乡遇故知"是人生的快事,脱离"舒适区"来到陌生环境往往是很痛苦的事……

如此种种,说明人类天生喜欢熟悉的事物,排斥陌生的事物。

但不巧的是,文案就是一项专门向人介绍陌生事物的工作。

新产品、新功能、新活动,如何让人接受和相信,不妨去营造他熟悉的情景,引他带入其中,接受你的主张。

一个老生常谈的例子,大卫·奥格威讲述新劳斯莱斯汽车的隔音功能时,没有讲应用了多少优秀的隔音技术,而只是借助了两个受众最熟悉不过的场景:时速60英里时车内的环境和电子钟微弱的嗒嗒声,两种情景的融合对比,让这种优越的隔音效果深入人心。

◎当时速60英里时,这辆新款劳斯莱斯车内最大的噪音,来自它的电子钟。

据说劳斯莱斯的主任工程师读到这句话,不禁悲伤地摇头说:"是该对那该死的钟想点法子的时候了。"

◎防水橱柜:"防潮防水,震撼来袭" VS "泡在水里15年不会坏的柜子"

◎种植牙:"媲美真牙,即种即用"VS"上午种牙,下午啃排骨"

◎保温杯:"24小时持续保温"VS"昨天的水,小心烫嘴"

◎护肤品:"青春双眸,仿如初生"VS"不不不,他是我儿子"

二、借助他了解的事物

每个人都有自己的认知范围,人们更倾向于借助自己已知的事物和理论来判断自己不熟悉的事物。

如红瓤的西瓜甜,绿皮的葡萄酸,脸上带刀疤的人不好惹,等等。

用已知解释未知,化抽象为具象,让文案更容易被接受和理解,自然更容易被相信。

1999年,别克GL8进入中国,作为国内首款7座MPV(多用途汽车),GL8主要用作企业的商务接待,它空间宽敞,座椅考究,用于接送重要客户,舒适又体面。

MPV作为一种全新的汽车品类,人们对它很陌生,如何在宣传中向受众介绍这款车呢?广告语并没有直接说有多宽敞和多舒适,而是用了这样一句文案:

◎全新GL8商旅车,陆上公务舱。

借用商务人群熟知的飞机头等舱的概念,来讲解别克GL8,瞬间就能感受到它宽大舒适的商旅享受,让这款在国外早已停产的车型在中国畅销至今。

其他的案例如:

◎烤鱿鱼:"超大鱿鱼,鲜活美味"VS"比脸还大的鱿鱼"

◎庭院别墅:"宽阔庭院,诗意人生"VS"院子里停得下一架波音747"

◎奶糖:"纯正鲜奶,营养丰富"VS"7粒大白兔奶糖等于1杯牛奶"

◎便携充电宝:"纤巧轻薄,随身便携"VS"小如口红"

三、利用他固有的认知

所谓"固有认知",就是根植于人们观念中的一些看法和观点,它不一定对,甚至有的是偏见,但很多人对它深信不疑。

例如,"吃核桃补脑""喝凉水拉肚子""多数人的选择错不了",等等。

借助这些人们深信不疑的固有认知,可以让文案更容易被人相信。

◎经常用脑,多喝六个核桃——六个核桃(核桃乳饮料品牌)

◎任何国家都不欣赏迟到者——大本钟表公司

同时,人们对有权威背书的事物也通常更愿意信任。

所以,很多文案都会用国家奖项、相关认证、名人代言来宣传,都是在借助受众心中高可信度的事物,将信任转移到产品身上。

歌手马頔曾经写过一首歌叫《南山南》,有人听完后说它太悲伤,问他这首歌是不是有一个故事。

马頔回答:当你听到这首歌的时候,它已经与我无关了,你掉的眼泪，是你自己才知道的故事。

当一句文案被人接受、被人相信的时候，其实也已经和写文案的人无关了，他相信的是他自己的立场、看法和经历。

而一名好文案创作者要做的，就是为他打开那一扇门。

07 预期违背:郑重"胡说",用反转让文案"炸"起来

下面两个段子,你若是不笑,购书款我给你报销。

◎常吃油炸食品脸上会出现什么?
——笑容

◎看见男朋友和别人的暧昧记录,他说他会改。
——结果他把密码改了

先允许你笑一会儿,笑完我们继续。

普通人笑完之后就完了,但我作为一名文案创作者不能够。我笑完之后,又回过头去笑了半小时……

然后我就发现了段子背后隐藏的秘密,也就是它让人发笑的技巧和原理。

这个技巧,在各种形式的喜剧表演里被反复使用。

李诞用了百用百灵,岳云鹏试了屡试不爽,就连本山大叔也时

常在小品里用他一手。

这个技巧叫作"预期违背",实现的方式是"逻辑重构"。

经过简单的铺垫,把受众预期引导至一个方向,再给出和预期完全不同的结论,通过"逻辑重构"将这个出人意料的结论在逻辑上合理化,产生或是巧妙或是误解或是冒犯或是自嘲的喜剧效果,从而让人发笑。

举几个段子案例,看看李诞、岳云鹏和本山大叔是如何几句话把你逗乐的。

【李诞】

"师父,清早听到一阵爆竹响。"

"山下有人结婚。"

"结婚为什么要放爆竹啊?"

"想必是给自己壮胆吧。"

结婚为何放爆竹?观众预期是图个喜庆热闹,这里违背预期变为"壮胆",原逻辑被重构为——结婚很可怕,所以要放鞭炮壮胆。讲出了很多人的无奈与卑微,让读者产生一种幸灾乐祸、看人笑话的感觉,从而发笑。

【岳云鹏】

相亲就应该直接了当!

女:你有房吗?

男：已经开好了，走吧。

你有房吗？观众的预期是正常的房子，很贵那种。这里违背预期变为"开房"，逻辑重构为——我有房，酒店的房间，刚刚开好。表达出对当今社会男女关系物质化、功利化倾向的戏谑，是一种大众情绪的宣泄，令人畅快大笑。

【赵本山】
我下一步准备去旅旅游，
找个比较大的城市，
去趟铁岭。

我当不是纽约、巴黎也是北上广深吧？结果是铁岭。出人意料的同时，那种缺乏见识的小人物形象展现得淋漓尽致，让观众产生一种优越感，从而发笑。

其他类似的经典段子，比如：

◎看完郭敬明的《小时代》后，很多人都哭了，为啥？因为票不给退。

◎有人问我为啥总是一个人出门，我说我怕半个人出来会吓到你。

如此种种，就不一一列举了。

通过预期违背和逻辑重构，不仅可以引人注意、吊足胃口，还能够最大限度地释放文字中蕴藏的能量。

在这个技巧当中，如果带入的是喜剧，可以让你开怀大笑；如果带入的是悲剧，则可以让你伤心大哭。

还记得那一篇《罗一笑，你给我站住》吗？

全篇充满了预期违背的逻辑重构，女儿白血病病危，疼爱女儿的爸爸却在文章中写到很多对女儿的"斥责"：

罗一笑，你不能耍赖！爷爷奶奶、叔叔阿姨、哥哥姐姐的恩情你必须亲自感恩。

罗一笑，不要乱跑，你给我站住！

要是你不乖乖回家，就算你是天使，就算你跑进天堂，有一天我们在天堂见了面，爸爸也不理你！

这些"责备"的话语通过违背预期的反差和逻辑重构的情绪拉扯表达出来，即使是全世界最铁石心肠的人看了，心也会被虐得渣都不剩。

虽然文章因涉嫌过度营销被诟病，但其核爆炸一般的传播效果证明了这种手法的能量所在。

当这种技巧放在广告文案上，只要运用得当，同样能够产生极强的传播效果。

◎癌症治愈烟瘾——癌症患者援助协会

治愈烟瘾的方法通常是自控，在这里违背预期变为癌症，原逻辑被重构为：人人都知道吸烟有害健康，甚至致癌，但很多人并未因此戒烟，只有真正患癌才会戒烟，所以正是癌症"治愈"了烟瘾。

这种将文案逻辑重构之后产生的直观体验，比单纯的"吸烟有害健康"更加震撼，更加触目惊心，从而达到更好的劝服效果。

◎世界上有一种专门拆散亲子关系的怪物，叫作"长大"——中国台湾奇美液晶电视

拆散亲子关系的"怪物"，在这里违背预期变为"长大"，原逻辑被重构为：原本亲密无间的亲子关系，往往会因为孩子的慢慢长大而变得渐渐疏远。

打破常规认知的观点，通过重新构筑的逻辑形成自洽，让父母们更切实地体会到亲子时光的短暂和珍贵。

◎3000块哪能招工人？3000块只能招大学生——蓝翔技校

人们正常的预期是大学生的工资比工人高，这里违背预期：3000块的工资招得到大学生，却招不到工人。在逻辑上结合当下的社会现实却发现这是事实，从而让广告诉求更加深入人心：来蓝翔踏踏实实学技术，前途不会差。

一句话让你开心，一句话让你伤心，一句话让你毛骨悚然，一句话让你刷新三观……

在语言中，深藏着人类情绪最原始的密码，而预期违背正是破解的密钥之一，只要拿捏准确，将能在人的心智中产生无比震撼的效果。

08　名句引用：憋不出文案？《论语》里有模板，直接套 >>

2010年的暖春，上海却下起了雪。

凑近一看，原来是一名负责创作肯德基全新品牌口号的文案人员在挠头……

彼时的上海全球瞩目，世博会开幕在即，肯德基在中国内地的第3000家店也即将在上海开业。

在这个难得的历史当口，肯德基当然也要搞点事情，与世博共襄盛举。

启用一句全新的品牌口号被提上日程，用来代替那句已经用了10个年头的"有了肯德基，生活好滋味"。

创意简报的要求很简单：既要诠释肯德基"立足中国，融入生活"的总策略，又要体现肯德基努力创新、不断为用户创造丰富多彩体验的品牌态度，还要和世博会"城市，让生活更美好"的理念相符合。

文案创作者依然在挠，雪花依旧在飘，截止日期却已经迫在眉睫。

看到头皮屑雪花般飘落,他想起了毛泽东的词《沁园春·雪》:

◎北国风光,千里冰封,万里雪飘……江山如此多娇,引……

等下,江山如此多娇,这个"多娇"是个好词,刚好能体现肯德基产品的丰富多彩。

还缺个主语,把"立足中国,融入生活"及"城市,让生活更美好"结合一下,提取一个词就是"生活"。

◎生活如此多娇!

完美!于是在2010年6月1日,伴随着在中国内地第3000家门店的开业,肯德基正式启用全新品牌口号"生活如此多娇"。

肯德基的品牌负责人在谈到这句口号时表示,他们为寻找这句话花费了许多精力,最后想到《沁园春·雪》中的名句而发展出"生活如此多娇",希望用中国人民更熟悉的诗词名句,来准确地表达品牌定位,并获得中国消费者的共鸣。

有没有找到共鸣不好说,我们似乎从中找到了一个写文案的窍门:提取诗词典籍的句式和元素,加工形成文案。

中国文化博大精深,上下五千年的著作典藏浩如烟海,放眼望去,简直就是一座文案的宝藏。

如公元前500多年的《论语》,在2500多年后的今天,依然可以被改编为文案:

◎唯有美食与爱不可辜负——下厨房（美食菜谱APP）

原句式正是出自《论语·阳货》："唯女子与小人难养也，近之则不逊，远之则怨。"

◎话说四海之内皆兄弟，然而四公里之内却不联系——江小白

出自《论语·颜渊》："君子敬而无失，与人恭而有礼，四海之内皆兄弟也。"

为何这种名句引用式文案的效果能如此拔群？原因大概有三点：

一、流传了几千年的爆款，不火才怪

一句话、一行诗，在口口相传、纸笔记录的古代，时间上能流传几千年，空间里能辐射全华夏，已经证明了其本身强大的传播力。

当经过适当的调整为己所用，成为风靡一时的文案金句也就不奇怪了。

◎不在乎天长地久，只在乎曾经拥有——铁达时手表

这句广告语荣获1995年"中国台湾流行金句奖"的金奖，由学美术出身的朱家鼎撰写，他立志改变那时重文案轻画面的现状，却亲手写就了中文广告界最著名的广告语之一。

"天长地久"的说法,出自春秋时期的《道德经》:"天长地久,天地所以能长且久者,以其不自生,故能长生。"同时也见于唐代白居易的《长恨歌》:"天长地久有时尽,此恨绵绵无绝期。"

◎三日不购衣,便觉面目可憎
毛料是个脏字,
黑色已经污名化,
没有人敢再提起PASHMINA,
再不去买,
你只配以身体把衣服遮起来。
——中兴百货
◎三日不购物,便觉灵魂可憎
骨瓷皂盘教你饭前洗手,
少了亚麻浴袍必定忘记睡前祈祷,
不烧芳橙苷香烛如何证明上帝存在,
只要懂得买,
连港式素缘油也会分泌亚洲美学精神。
——中兴百货

中国台湾意识形态的经典广告,文案流传甚广。语出北宋的黄庭坚,记载在《苏轼文集》中的《记黄鲁直语》:"士大夫三日不读书,则义理不交于胸中,对镜觉面目可憎,向人亦语言无味。"

◎车到山前必有,有路必有丰田车——丰田汽车中国最著名的汽车广告语之一，从20世纪80年代到现在40多年了仍被人津津乐道。"车到山前必有路"这句话，也是一句中国人口口相传的古谚语。

二、自带记忆点和说服力，分分钟省下几个亿

很多名言语录我们是从小听到大，脑白金、加多宝几个亿才能砸出的洗脑效果，直接引用就能达到事半功倍的效果。

◎道不同，不相为谋——Jeep（汽车品牌）

原句出自孔子《论语·卫灵公》："道不同不相为谋，亦各从其志也。"

◎人生得意须尽欢——哈根达斯冰激凌

1997年，广告大师苏秋萍在新加坡腾迈广告所写文案引用自李白的《将进酒》："人生得意须尽欢，莫使金樽空对月。"

◎敢为天下先——凯迪拉克

出自《道德经》："我有三宝，持而保之。一曰慈，二曰俭，三曰不敢为天下先。"

三、让人欲罢不能的"熟悉的陌生感"

上海诗词学会副会长杨逸明先生讲过:"诗意,要有熟悉的陌生感。"

千篇一律让人审美疲劳,太过陌生带来传播障碍,熟悉与陌生的混搭带来的"熟悉的陌生感",则让人欲罢不能。

每次热点事件后,网友的改编和恶搞总是能二次刷屏就是这个道理。

通过对经典语句加工而成的文案,能带来一种熟悉的陌生感,让人产生更深刻的印象。

◎敢做敢当当——当当网(电商品牌)

出自鲁迅《两地书》:"敢作敢当,也是不可不有的精神。"

把成语"敢作敢当"加了一个字,既融入了当当的名称,也体现了品牌的精神,巧妙又丝滑。

◎山分天下——深业·紫麟山别墅

出自《三国志》的"三分天下"。

改了一个谐音字,延伸出全新的含义:天下豪宅,等级由"山"划分,完成了紫麟山别墅的境界分化。

当年这句口号一出震撼深圳,紫麟山的竞品"公园大地"立刻还以颜色,打出口号"大美不言",一时可谓风头无二。

顺便说一句，这两个项目其实是同一家广告公司的不同事业部在服务，左手打右手。公司名叫风火创意。

◎心有中国一点通——万科·第五园楼盘

出自唐代李商隐的《无题》其一："身无彩凤双飞翼，心有灵犀一点通。"

替换了两个字，保留了原句的绝美意境，又结合了中式人居的品牌基调。而且画面中"一"字形的屋顶和一点一竖的透花窗，也巧妙迎和了"一点通"三个字。

写文案的方法千千万，引用经典应该是最省力又讨好的方法之一。

每每憋不出文案翻看这些语录时，我仿佛都能听到老祖宗们在说："引用吧，后浪！"

中华民族积攒了几千年的财富，所有的名言、语录、诗词和典籍，像是专门为你们准备的礼物，可以尽情地享用。

毕竟，在他们面前，我们都是"后浪"。

09 参考经典：大神写文案时的灵感都是如何找来的

经常听新入行的文案创作者朋友说：真羡慕那些厉害的文案创作者，写东西又快又好。

对此我可以很负责任地回答：并不存在写东西又快又好的人，除非出行活，不过脑子那种。

哪一个用心创作的文案，不是在写文案的时候，面对空空如也的Word，一如他们空空如也的脑袋？

就像2019苹果全球开发者大会（WWDC2019）宣传片《晚安，开发者们》中，讲述程序员熬夜写代码，从开始时缓慢进入状态，到遭遇各种麻烦：犯困、漏洞、瓶颈……然后换个姿势写、跳绳放松、呼自己一巴掌提神，最后懊恼地合上电脑，又重新打开从头来过，一番挣扎后终于解决问题，手舞足蹈地在椅子上转圈圈。

很多广告圈大神看过后表示：这不就是我吗！你看，不只是你，每一个创作者都会陷入搞不出东西的窘境。

所以，写不出来怎么办？各种办法试过不好使怎么办？截止日期近在眼前了怎么办？怎么办？找参考吧，没啥丢人的。

为什么要找参考?

一、没有凭空出来的创意

青胜于蓝,但青从哪儿来?取之于蓝。

没有什么创意是凭空出现的,找参考绝不是拿同类作品来抄,而是从各种有参考价值的作品里提取有益元素,来发散、重组你的创意,正如美国广告大师詹姆斯·韦伯·扬(James Webb Young)说的:"创意就是旧元素的新组合。"

对此,林桂枝讲得更透彻:"广告/传播的创意,经常会围绕着一个既定的主题,你需要围绕着这个主题,调动你脑海中的元素,联想出新的想法。"

创意能力,是连接相关的能力。脑子里有好的贮存,接触的点要够多,点多了,脑子里的这张网就会有更多的连接点。如果这些连接点距离远,你大脑的版图会扩大,连接出来的,会有更意想不到的可能。

当你搜肠刮肚写不出东西的时候,说明你脑中"旧元素"不够用了,除了平日积累和涉猎,在截止日期逼近的当下,如何加快产出?

找现成的作品参考,无疑可以更精准地找到那些适合的"元素",与你的思考结合,诞生新的创意。

二、找参考,是熟悉新领域的捷径

尼尔·法兰奇也会找参考,想不到吧?但他是反向参考,他找参考是为了了解一个新领域的广告概况,为的是避开前人的作品,做出独一无二的东西。"反向参考"又何尝不是一种参考呢?

找参考不仅可以避开竞品已有的诉求,也可以绕开很多前人踩过的"坑",更能快速了解某个行业广告的标杆,找到一把尺来衡量自己的作品。

如何找参考?看看大神们是怎么做的:

1.小马宋:同品类找参考,精准而快速

知名品牌顾问小马宋曾在一档视频节目里分享他的文案秘诀:你只要去看去背那些经典的广告方案就可以了。

他曾经写过一套流传很广的系列文案《一个文案的自白》,其中有一个虚拟的猪饲料品牌广告《壮士牌猪饲料》。

当他设定这个题目时,就在想猪饲料和什么相关,然后他找到一个同属饲料类的狗粮广告——"因为狗狗们也是蛮拼的",是戛纳广告节的获奖作品。

于是他的猪饲料文案就出来了:

◎它们终将为人类粉身碎骨,所以对它们好一点。

两篇文案采用同样的诉求:动物们非常不容易,狗狗很辛苦,猪猪则要为人类付出生命,所以不妨让它们吃好点。

参考相似品的好处是参考度高,现成的角度和诉求,立等可取,还能一定程度预见广告的效果。

需要注意的是,我们参考的是角度,借鉴的是思路,如果不加思考直接套用,可能会被贴上抄袭的标签。

2.林桂枝：跨行业找参考，拓宽创意的边界

林桂枝桌上常常放着各行各业的书籍杂志，有时任务密集，脑袋空空，她就会随手翻翻找灵感。

和很多人做啥看啥不同，林桂枝通常是跨行业找参考，做食品的时候看保险，做化妆品就去翻汽车，常常有意想不到的收获。

例如，她在2000年为别克GL8创作的电视广告影片中，一辆GL8停在水平如镜的湖面，一群小鹿陆续跳入车内，示意车厢空间宽敞舒适。

至于为什么会停在湖面这不重要，总之车的空间很大很能装就对了。

后来林桂枝回忆，她为什么会想到鹿呢？原来是源自张爱玲文章里的一句话"鹿在低头喝水"，将之和GL8的核心诉求"空间"结合，创意就诞生了。

这个系列广告不仅帮GL8打开了中国市场，而且获奖无数。时至今日，这款车在国外已经退市，在国内却依旧畅销，目前已转为中国专供。

3.步履不停：借鉴一个角度，融入全新的场景

你写PPT的时候，

阿拉斯加的鳕鱼正在跃出水面；

你研究报表的时候，

白马雪山的金丝猴刚好爬上树尖。

你挤进地铁的时候，

西藏的山鹰一直盘旋云端；

你在会议中吵架的时候，

尼泊尔的背包客一起端起酒杯在火堆旁。

有一些穿高跟鞋走不到的路，

有一些喷着香水闻不到的空气，

有一些在写字楼里永远遇不见的人。

出去走走才会发现，

外面有不一样的世界，不一样的你。

上述文案出自淘宝女装第一品牌"步履不停"的创始人肖陆峰，灵感来自李欣频为"周生生"写的长文案《我把我们不在一起的305天日子，买回来》。

我们不是说好，要到太麻里一起看千禧年的第一道曙光吗？你却缺席了。

我们错过了一生只有一次，2000年送给我们第一道阳光的感动。

接着，我们错过了阳明山的鱼路和春天的杜鹃，错过了夏天的鸡蛋雪花冰和北海岸的浪，错过了玫瑰盛开、蜡烛点满幸福的情人节，错过了秋天奥万大的枫叶，还错过了你的笑容。

角度都是关于"错过",步履不停将周生生文案中的"阳明山的鱼路""春天的杜鹃"等具象化表达替换为"阿拉斯加的鳕鱼""白马雪山的金丝猴"等,同时又结合客群熟悉的场景:枯燥乏味的办公、会议、地铁,通过戏剧化的鲜明对比,让这种"错过"变得更有张力,更令人心动。

4.李白:参考字词句,你要学李白

唐诗"一哥"李白,我们领略过他"飞流直下三千尺"的才思喷涌,却不知他也会遭遇憋不出来的尴尬。

话说李白初登黄鹤楼,"大V"遇见地标,怎能不题诗一首?文思刚要喷薄,一看到旁边崔颢的题诗就憋回了九霄云外。

黄鹤楼

崔　颢

昔人已乘黄鹤去,此地空余黄鹤楼。

黄鹤一去不复返,白云千载空悠悠。

晴川历历汉阳树,芳草萋萋鹦鹉洲。

日暮乡关何处是?烟波江上使人愁。

这首《黄鹤楼》全诗大气深沉,前有浮声,后有彻响,一个漏洞也没有。

李白憋了半天只得作罢,选择点赞完事——"眼前有景道不得,崔颢题诗在上头"。

从那之后,这首诗就印在李白脑中,时不时拿来参考一下。比

如，李白创作的《鹦鹉洲》前四句：

鹦鹉来过吴江水，江上洲传鹦鹉名。
鹦鹉西飞陇山去，芳洲之树何青青。

其中的"鹦鹉三连"，无论用词还是句式，不就是参考崔颢的"黄鹤三连"吗？

登金陵凤凰台
李 白

凤凰台上凤凰游，凤去台空江自流。
吴宫花草埋幽径，晋代衣冠成古丘。
三山半落青天外，二水中分白鹭洲。
总为浮云能蔽日，长安不见使人愁。

又一个"凤凰三连"，一句"长安不见使人愁"，对"烟波江上使人愁"的参考痕迹也很重。

李白还常常化身迷弟一枚，参考屈原、曹丕这些上古大神。

李白的"云想衣裳花想容"，句式借鉴了屈原的"沅有芷兮澧有兰"；小学生的第一首唐诗《静夜思》，参考的是"三曹"之一曹丕的《杂诗·漫漫秋夜长》。

杂 诗

曹 丕

漫漫秋夜长,烈烈北风凉。
辗转不能寐,披衣起彷徨。
彷徨忽已久,白露沾我裳。
俯视清水波,仰看明月光。
天汉回西流,三五正纵横。
草虫鸣何悲,孤雁独南翔。
郁郁多悲思,绵绵思故乡。
愿飞安得翼,欲济河无梁。
向风长叹息,断绝我中肠。

静夜思

李 白

床前明月光,疑是地上霜。
举头望明月,低头思故乡。

  字词句是文案参考的最常见形式,很多人都深有体会,在广告语、标题想不出的时候,随意翻看作品集,受到某个好词或句式的启发写出一句好标题。

  但是写不出文案常有,好参考不常有,这就凸显出文案资料库的重要性了。

  把日常看到的好文案、好句子摘录下来,分门别类,可以按文案类别来分:标题库、广告语库、开头库,或按行业来分:地产库、汽车库、奢侈品库……总之各种库，按需搭建，日积月累，不仅能减轻加班的痛苦，还将是你职业生涯的宝贵财富。

我们当今所处的时代，是流行文化迅速演变的时代，尤其是文字，每年都会产生大量新词汇、新表达，除了保持对文字的敏感，还要去参考各种文字作品，不断吸取养分。

而这一切的基础，是要建立在独立思考之上。

如果失去了独立思考，即便找到再好的"参考"，也只不过是一堆没有灵魂的文字碎片而已，毫无意义。

>> B. 复合技巧

01 好文案情商高：四招心理洞察术，摸透需求促成交

如果说智商是外伤，那情商就是内伤。外伤尚可医治，内伤就比较致命。

文案也是如此。

高情商的文案，总是让人心情舒畅，好感倍增，而且能够发人深省，催人行动。而低情商的文案总让人感觉：我凭什么听你的？它们要么淹没在信息的洪流，激不起半点水花，要么只能通过无休止的重复骚扰，强迫你接受，躲都躲不掉，烦死了！

我们发现，高情商的文案总是相似的，它们更能体察人的需求，知道如何让人舒适，也懂得如何给人施加正向的压力。

一、体察需求，投其所好

低情商的文案只关心自身，对产品卖点如数家珍，将各种优势一一罗列，但殊不知在信息爆炸的当下，这很难引起人们的兴趣。

高情商的文案则更关心人，懂得将自身价值和受众需求相结合，从而引发更多关注。

例如，美国赌城拉斯维加斯（Las Vegas）推出的旅游广告宣传语：

◎What happens in Vegas, stays in Vegas.（在拉斯维加斯发生的一切，就留在那里吧。）

人们对拉斯维加斯的传统认知是什么？赌博。但人们来这的真正原因是什么？其实更多是为了放纵自己，是《宿醉》里新婚前夜的狂欢天堂，是《老友记》中瑞秋和罗斯闪婚的浪漫之地……在这里，你可以做那些在别处想做而不敢做之事。

广告公司抓住这一点，重塑了拉斯维加斯的形象，将"赌城"变为"自由之城"——在这里你可以尽情购物、狂欢……然后"What happens in Vegas, stays in Vegas。"

"文案女王"林桂枝在新书《秒赞》里也提到一个案例，关于电子书优惠的线上海报文案：

原标题：限时下单8.99元

修改后：做个渊博的人，只需8.99元

原标题只是突出了自己的优势"限时优惠"，而新标题则写出了受众的内心所需，成为一个知识渊博的人，谁不心动呢？效果立马就不一样了。

二、关注情感,带来偏爱

低情商的文案只关注价值,这在产品竞争力够强时管用,同质化严重时就会失灵,从而陷入无休止的价格战和广告战。

而高情商的文案善于感受他人的微妙情绪,诉求情感,以情动人,从而获得用户更多的偏爱。

【关于亲情】

◎我们不断攀登新高度,却爬不出她关注的目光——深圳金地名峰小区(配图是:一个人在母亲的眼角皱纹上攀登)

◎在他还相信童话的年龄,带他去看童话世界——阿里旅行

【关于爱情】

◎做过很多在一起的梦,终于能在一起做梦——钱皇丝绸(蚕丝被品牌)

◎会包容的小户型,才装下不讲道理的爱情——杭州光耀蹓跶公寓

【关于友情】

◎不是我戒不了酒,是我戒不了朋友——红星二锅头

◎碰了杯却碰不到心,才是世界上最遥远的距离——江小白

【关于归属感】

◎这十年,我从未对富通城说"我爱你",

却夜夜跟朋友话别时，说我回富通城。

——深圳富通城小区

【关于孤独感】

◎当我想听到别人的声音时，就打开电视机——印度关爱老年人公益广告

◎躲得了对酒当歌的夜，躲不过四下无人的街——卢思浩《离开前请叫醒我》

三、反向说服，傲其所恶

既然能"投其所好"，那就能"傲其所恶"，高情商文案善于洞察需求，同样也善于洞察恐惧，借此施加一定压力，让人乖乖就范。

在《左传·烛之武退秦师》中，晋国拉拢秦国攻打郑国，郑国外交官烛之武告诉秦君，晋、郑两国相邻，拿下郑国，晋国变强，秦国的势力就会相对削弱，弱肉而强食，可能晋国回头就捅你一刀，你确定要帮他们吗？

烛之武的这几句话全扎到了秦穆公的心上，虽然心里大骂"你在教我做事啊"，但身体还是很诚实，当即撤军。晋国失去强援，最后只得打道回府。

俗话说截止日期才是第一生产力，火烧眉毛了才知道瞪起眼，恐惧感带来的说服力非常强大。

就像很多服务业，你不投诉一下，都不知道他的服务有多好。很多文案，你不毙稿几次，都不知道竟然能写得这么好。

◎读书的确没用，对于那些不想成为有用的人来说——千禧书店

◎Don't rely on fate.（别把你们的相遇交给命运。）——凌仕香水

其他的案例，如：

◎你总是强调你的能力，因为你害怕提起你的学历——升学教育

◎这个世界，在残酷惩罚不改变的人——尚德教育

◎过时的沙发上聊不出时髦的话题——红星美凯龙

四、安抚人心，化解顾虑

记得有一次在淘宝购物，东西很贵，我犹豫再三，跟客服问这问那，最后见我还不下单，对方就发来一句：

"亲，喜欢就赶紧下单吧，其实钱没有离开你，只是换了一种方式陪在你身边。"

说的好有道理，我立刻就下单了，做了这么多年文案，购物心理这一块竟然被淘宝客服拿捏得死死的。

高情商的文案懂得站在对方的立场，化解用户顾虑，成功打通下单前的"最后一公里"。

比如很多人在购买零食时心里总会愧疚，于是座上客（连锁零食专卖食品店）在货架上写下了这样一系列文案：

◎给丈夫补补劲

◎给老婆尝尝鲜

◎跟朋友叙叙情

◎给孩子带点惊喜

◎给父母带点福气

于是，我就释然了：我不是嘴馋，而是为了犒劳家人和朋友。但结果常常是，买了一大堆，还没到家就自己吃完了。

类似的，还有著名作家安娜·拉佩（Anna Lappe）这句话：

"Every time you spend money, you are casting a vote for the kind of world you want."（每一次你花的钱，都是在为你想要的世界投票。）

所以，你花钱时无须内疚，因为你是在为你想要的世界尽一份力，这个钱花得值。

02 好文案会拆词：拆解了十一条文案，只为找到文案金句的撰写秘密

文案写作，从字到词，由词到句，字词句之后段篇章，多数人都是有样学样，来日方长。

而有些文案，天生就是属"拆迁队"的，他们不爱循规蹈矩，抡着一把锤子横冲直撞，喜好打破语言的固定用法，于是就诞生了一种文案形式——"拆词文案"。

即把一个词语拆解重构，打破常规，带来全新体验，从而更好地表达文案诉求。

◎别赶路，去感受路——沃尔沃汽车

沃尔沃这句著名的文案，上半句"别赶路"稀松平常，下半句"去感（受）路"，发音上把"赶路"拆开加了一个"受"，一下就成了神来之笔。

正如核爆炸来自于原子的裂变，词汇的裂变，同样可以释放巨大的能量，让文案爆发出超强的传播力。

相同字词的前后呼应，让文案巧妙而富有节奏感，前后语义的微妙变化，又带来了巨大的张力，这种"熟悉+陌生感"的体验，让人印象深刻，过目难忘。

这种文案，往往需要极为巧妙的构思，外加一些词汇的巧合，所以相对比较少见，一旦写出，往往就是神之一手。

例如下面这些经典案例。

◎饿了别叫妈，叫饿了么——饿了么（网上点餐平台）

出自创意广告公司KARMA为"饿了么"打造的品牌广告。

文案将"饿了么"拆解为"饿了（别叫）妈"，把品牌的名称资产运用到了极致，同时结合很多人习惯在家饿了就喊妈的场景，让"饿了么"与"饿了，妈"产生情感关联，引发用户的集体共鸣。

这句文案在提案会上一亮出，就收获了品牌方全体人员的拍手叫绝，这简直就是"饿了么"的本命文案，坚持20年都不为过。

◎我不是狐狸精，但是我花钱比狐狸还精——网易考拉海购

这是网易考拉海购与光大银行联手，在杭州武林广场地铁站打出的广告。

通过"狐狸精"和"比狐狸（还）精"的对比，宣扬了一种既要精致又要精打细算的生活态度，塑造出一种追求时尚却不败家的女性形象，趣味又调皮，还很有代入感。这文案，真是比狐狸还精呢！

◎这个钱包，有钱没有包——Apple Pay

来自Apple Pay的神文案，通过"钱包"和"有钱（没有）包"的反差，一句道出移动支付的精髓，让人直呼苹果那个熟悉的文案创作者又回去上班了。

◎No Body is Nobody——NEIWAI内外（内衣品牌）

内外，2012年创立于上海，品牌理念为"做一件让人身心自由的内衣"。

内外鼓励每位女性看见并认同自身之美，欣赏每个"她"的真实多元之美。2020年，内外走向全球化，推出了英文广告语——"No Body is Nobody"（没有一种身材，是微不足道的），堪称年度神作。

这句文案利用了一个英文的双关语巧合——No Body（没有一种身材）和Nobody（小人物、微不足道），同字不同义，合在一起，刚好表达了"没有一种身材，是微不足道的"这一主张，完美诠释了"自在舒适"的品牌理念。

这句文案妙就妙在，根本无法用中文复刻它的神韵。如果硬要译成拆词文案，例如"我们的身材，都是天生我材"，形式上有那么点意思，但意思上差了十万八千里。

同样是英文的拆词文案，大众汽车这一组宣传"车距控制巡航系统"的文案，则是将"拆词"当做了一种创意形式。

◎endanger（遭受危险） end anger（终结愤怒）

◎fatally（致命的） fat ally（胖同事，意喻贴心助手）

◎manslaughter（过失杀人） mans laughter（男人笑，意喻皆大欢喜）

文案：

◎The right distance makes all the difference.（恰当的距离让一切变得不同。）

单词一拆为二，一个空格的距离，让意思翻天覆地，发生了360度的大逆转，完美诠释了"恰当的距离让一切变得不同"的主张，带出了"大众ACC自适应车距控制巡航系统"可以智能控制车距，保障人车安全。

同样是汽车品牌，我们再来看一下雪佛兰（Chevrolet）的品牌口号。

◎未来，为我而来——雪佛兰汽车

和沃尔沃一样，都是音同字不同的拆词文案——"未来，为（我而）来"。

雪佛兰是美国通用汽车公司旗下的一个汽车品牌，自2005年进入中国后，致力于成为"中国奋斗中的年轻人和年轻家庭的首选国际汽车品牌"，瞄准两个"年轻"。这个口号节奏昂扬，充满了年轻人对未来人生的美好向往。

然而，理想很丰满，现实很骨感，例如下面统一企业"茗茗是茶"的文案。

◎曾是梦想家，梦没了，只剩想家——茗茗是茶

无论丰满还是骨感，我们都要学着去接受，毕竟"No Body is Nobody"。

即使我们都是Nobody，也总有人在默默牵挂着你，因此请不要忘记：

◎老人家在哪，老家就在哪——××地产

"拆词文案"凭借出其不意的特点，用在脱口秀领域也可以带来意想不到的喜剧效果。

例如，李雪琴讲的这个段子：

我老板就知道给我画饼，李雪琴，你行，你有天赋，你能进决赛，完了你就飞黄腾达了。我以为我老板就够能忽悠的了，结果到这块，李诞还在台上说我，李雪琴，天赋异禀，你说我有啥天赋，我现在就有个饼。

"拆词文案"虽然难写，但也是有迹可循的。

比如，我们给一个中老年运动鞋写文案，根据客群特点，可从

人生的"下半场"入手，然后尝试看是否有拆词的可能性。我们发现，"下半场"可以拆为"下场"，前后补充一下，就有了：

◎人生的下半场，不要轻易下场。

再来一个青岛土特产的，瞄准的客群是年轻游客，希望弱化土特产"土"的形象，打造年轻人喜爱的美味时尚土特产伴手礼。我们就从"土特产"这个词考虑拆词的可能，发现可以拆为"土"和"馋"，于是就有了：

◎青岛土特产，不土，特解馋。

真正的好文案，并不是语言上的字字珠玑，而是思想上的光芒万丈，是是否解决了问题或讲明了一个好故事。

因此，再巧妙的"拆词文案"，也只是文案的"形"，只有在形之上打磨好文案的"意"，才是好文案的应有之义。

03 好文案不讲武德：拒绝点到为止，必须直戳痛点

前段时间，自称"浑元形意太极拳掌门人"的马保国火得一塌糊涂，"血洗"B站①，霸榜鬼畜②，连朋友圈也开始沦陷了。

"马保国事件"的梗概如下：

一个小伙子和马老师切磋武艺，小伙子"啪就站起来了，很快"，然后左正蹬、右边腿、左刺拳，都被马老师轻松防下。马老师按传统功夫"点到为止"，右拳放到小伙子的鼻子上没打他，笑一下准备收拳。

谁知小伙子突然出拳，"我大意了啊，没有闪"，打到马老师的右眼，一看就是"有备而来"。马老师说："小伙子，你不讲武

---

① B站：即哔哩哔哩（bilibili），现为中国年轻世代高度聚集的文化社区和视频平台。
② 鬼畜：一种视频制作手法，代表特点为画面和声音重复率极高，且富有强烈的节奏感。

德,偷袭我69岁的老同志,这好吗?这不好。我劝这位年轻人好自为之,好好反思。武林要以和为贵,要讲武德。"

马老师劝大家要讲武德,但我发现很多文案从不讲武德,广告"啪"的一下就打过来,很快啊!"我大意了啊,没有闪",最后钱包被掏空,这好吗?这不好。

下面就看看这些文案是如何不讲武德的:

一、好文案,从不点到为止,而是价值最大化

切磋武艺,可以点到为止,文案只"点到"是不够的,必须要说透为止。

提炼核心价值,寻找差异优势,找准要害就要一击致命,追求价值最大化的文案表达。

◎之前,这里的主人姓爱新觉罗……——北京"颐和原著"别墅

"颐和原著"别墅,位于清朝康乾盛世所缔造的三大皇家园林——颐和园、圆明园、畅春园的中心位置,与颐和园只隔一面墙。

当物理价值登峰造极,如何再上一个台阶,让产品价值最大化?答案就是人。

康熙赐给儿子的园子,乾隆孝敬母亲的礼物,雍正和甄嬛约会的地方。

"之前，这里的主人姓爱新觉罗……"一句话将"颐和原著"推到了至高无上的地位，然后留下一串省略号请尽情脑补：现在，这里的主人会是你吗？

◎1瓶顶4罐——清酷凉茶

由恩尼世集团（Enesis Group）出品的清酷凉茶，在广州市内的多处公交站牌打出"1瓶顶4罐"的平面广告。

广告画面为：左边是1瓶清酷凉茶，右边是4个字迹模糊的"红罐"，中间是一个大于号（＞）。

红罐凉茶的广告宣传铺天盖地，想必大家都知道，我，1瓶顶它4罐，知道我有多厉害了吧？四两拨千斤的借势。

◎唰的一下就干净了——"畅呼吸"空气净化器

净化空气有多快？"唰的一下"，借用了中国人的日常用语"唰的一下就脸红了"，非常感性的表达，让每个人都能感受到它有多快。

二、好文案，都是有备而来——洞察你的需求

好文案可以看穿你的欲望，然后投你所好，让你欲罢不能。此时你才发觉不妙，原来对方是"有备而来"，只能像马老师一样感叹自己"大意了啊，没有闪"，但是已经来不及。

一个叫"烫"（FEEEEVER）的轻奢女鞋品牌，为开拓高跟鞋

市场，首创了"社交女鞋"的概念，其品牌口号更是一语中的：你需要一双好鞋，因为你有很多人要见。

◎高个现任，高个前任，高个现任的前任——烫·社交女鞋
◎前老板，前同事，前竞争对手——烫·社交女鞋
◎春节，三姑六婆们，闺蜜的姐姐——烫·社交女鞋

"社交场上，希望姑娘们更自信地面对众人，成为焦点，而焦点总是很烫的。"这是烫品牌诞生的初衷。见到前任、前同事、三姑六婆，如何才能表现出你过得好着呢？这就需要一双好鞋。

◎哪有什么热爱读书，只不过是不想输——千禧书店

可不就是吗！如果不是怕输，谁又愿意去读书呢？是八卦不好玩，还是美剧不好看，一句话说到心坎儿。

三、好文案，不会以和为贵，而是直接戳你痛点

好文案，就像是《拯救》里唱的"夜深人静的时候，我就潜伏在你的伤口"，你的痛处，即是我的觅处，你的每一个痛点，都是文案的起点。

武林讲究"以和为贵"，文案讲求"痛彻心扉"。

【关于买房的痛】

◎别让你的房子，拖累了你的孩子——光耀蹋跶公寓

◎亲爱的，不想每天在别人的房子里，等你回家——复地上城小区

◎你和丈母娘的距离，只差一套房；没有，你只能叫阿姨。

【关于成功的痛】

◎有人40岁了，有人洗洗睡了——野鸭湖别墅

◎可不可以不成功——光耀城·先生的湖别墅

◎最怕一生碌碌无为，还说平凡难能可贵——网易云音乐热评

【关于奋斗的痛】

◎别说你爬过的山，只有早高峰——MINI（汽车品牌）

◎有时吃一口，就泪流满面，不是因为辣椒太辣，而是因为家乡太远——每日优鲜（生鲜电商平台）

◎20岁不会做梦的人，30岁都在帮别人圆梦。

【关于亲情的痛】

◎世界上有一种专门拆散亲子关系的怪物，叫作"长大"——中国台湾奇美液晶电视

◎有时，孤独跟关节炎一样痛——印度公益广告

04 好文案有韵律：三种方法，打造高传播的爆款文案

公元前11世纪，古希腊盲人诗人荷马作《荷马史诗》，全篇700万字，全部根据民间流传的短歌编纂而成。

同一时期的东方，西周初年，尹吉甫在各地收集民间歌谣，后由孔子编为《诗经》。

众所周知，那时的书写工具是奢侈品，中国的甲骨文、西方的羊皮纸，都是上流社会的"爱马仕"。这些文字靠"写"肯定不现实，所以只能靠"口"，没错，就是"口口相传"。

你肯定要问，如此鸿篇巨制，怎么可能凭人的记忆流传千古？

答案就是两个字：韵律。

"关关雎鸠，在河之洲。窈窕淑女，君子好逑。"是不是听一遍就记住了？

《荷马史诗》更是为了韵律，不惜舍弃语句，用了大量的套话、重复、形容词，来加强节奏效果。传说中的为了押韵什么都敢写。终于在口头流传了500多年后，才被用文本的形式固定下来。

《广告文案训练手册》的作者布鲁斯·本丁格尔（Bruce

Bendinger）曾说过：

好文案都有韵律。身为文案创作者，你的工作就是激发人们采取行动，而成功与否，很大程度上在于你写的东西有没有韵律。

这话有些绝对，但是有韵律的文字，的确更有趣味和生机，当然也更利于传播和记忆。

那么，问题来了，如何让文案变得有韵律？这里介绍这么几种方法：

一、简洁的短句

从恺撒大帝的"我来了，我看见，我征服"，到林肯的"民有、民治、民享"，再到孙中山的"民族、民权、民生"。

从"打土豪，分田地"，到"怕上火，喝王老吉"，再到"好文案，有韵律"。

这些文案或是一语流传千年，或是鼓动民众改天换地，或是给人洗脑，又或是让你翻到内文阅读全文。

它们直奔主题，它们浅显易懂，而且也更紧凑、更动感和有节奏。

英国前首相温斯顿·丘吉尔（Winston Churchill）有句名言：小词动人心。

他的演讲很好地体现了这一点，简洁的短句，清晰的话语。

◎绝不屈服，绝不妥协，绝不，绝不，绝不——不管大小，无论轻重。(Never give in, never, never, never, never—in nothing, great or small, large or petty.)

◎我能贡献的别无其他,唯有热血、辛劳、眼泪和汗水。(I have nothing to offer but blood, toil, tears and sweat.)

著名广告人艾德·麦卡比(Ed McCabe)也说过,"给我一样好东西,我会给你一堆简单的词"。

例如,他给沃尔沃小型汽车写的文案标题:

◎Fat Cars Die Young.(车肥死得快。)

二、平行的句式

没有人可以从"排比句"的中间活着走出来,一旦开始排比,谁也无法逃离。一种无形的力量会拉着你读(听)完全文。

经典的演讲、佛经、长文案都喜欢排比,这种连贯一致的句子结构,朗朗上口,富有节奏,不仅能增强表达效果和气势,还能产生强大的说服力。

仔细回味你被B站《后浪》支配的情景,在何冰老师的口中,一个个排比句如子弹射出。

从开头的"科技繁荣、文化繁茂、城市繁华",到后面的"把传统的变成现代的,把经典的变成流行的,把学术的变成大众的,把民族的变成世界的",乃至贯穿全篇的"我看着你们,满怀羡慕""我看着你们,满怀敬意""我看着你们,满怀感激"……

像一台打桩机一样，有节奏地撞击你的小心脏，最终把你的情绪推向高潮。

除了排比之外，其他平行句式，如对仗、关联词句式等也有相同的功效。

三、各种押韵

前面说过，押韵是一件很神奇的事，它可以让平淡的变成昂扬的，让难记的变成好记的，让枯燥的变成悦耳的，让无聊乏味的变成引人入胜的……

古今中外的经典宣传语中，各种押韵层出不穷，有押头韵的，有押中间韵的，还有押尾韵的。

这类案例太多了，如苹果文案、"全联经济美学"文案，难免有点审美疲劳。这里尽量找一些你们没见过的。

1.押头韵

即前后句句首的"叠音字"。

◎Never before, never again.（不曾，不再。）——厦门当代半岛楼盘

还有头韵和短句结合的例子，像极了恺撒大帝的"我来了，我看见，我征服"。

◎The Roach, The Flea, The End.（蟑螂，跳蚤，玩完。）——某杀虫剂

还有当年美国职业篮球联赛（NBA）迈阿密热火队三巨头，有一次勒布朗·詹姆斯（LeBron James）和德怀恩·韦德（Dwyane Wade）缺阵，球队依靠克里斯·波什（Chris Bosh）的超神发挥取得胜利，解说员激动喊道：

◎No James，No Wade，No Problem！（没有詹姆斯，没有韦德，没有问题！）

2.中间韵
即前后句句中间的"叠音字"。

◎谁的一生相伴，不是一生相互为难——BLOVES（婚戒定制品牌）

◎先诚实，再成交——永庆房屋

◎用看法交朋友，我的看法很可以——博士伦隐形眼镜

3.压尾韵
尾韵有通常意义上的韵脚，例如各种诗句，也有类似头韵、中间韵一样的结尾叠字。

◎我憎恨满嘴洋泾浜[1]，可我喜欢新天地的香——YMCA

◎常言道，这个世界上两个东西不能等：
一个是时间，一个是卫生间。

---

[1] 洋泾浜：为上海方言，意为中英文夹杂英语或不纯正的英语，泛指不规范使用的外语。

小户双卫,不用抢位。
——徐州千禧城楼盘
◎吃是为了填饱肚子,读是为了填饱脑子——千禧书店

最后找了几篇长文案,一起对照看看文案的"节奏大师"们,如何用动感的节奏,一步一步,似魔鬼的步伐,反复摩擦,带你到达情绪的顶峰。

【案例1:短句+排比+尾韵】

以下为厦门当代凤凰谷楼盘的宣传文案。

> 每个人的心里,都有一条喜欢上岸的鱼

因为,童话
因为,书本里的童话
因为,美好的都是书本里的童话
因为,为什么美好的都是书本里的童话

因为,丹麦
因为,丹麦的哥本哈根
因为,丹麦哥本哈根的安徒生
因为,丹麦哥本哈根安徒生的美人鱼
还是因为人类的祖先的祖先的祖先
就是远古鱼类的近亲

因为,鱼就是鱼

因为今天的人不是鱼

【案例2：短句+排比+各种押韵】

以下文案节选自长沙保利·国际广场的宣传片。

● **不负湘江不负城**

这个位置，没进来过也听说过吧

这个品牌，没买过朋友也买过吧

有多少次，天天在路过这个位置

有多少回，这个品牌就这样为你记忆

因为湘江水的中央，川流不息地拥戴着一座雕像

正好被这一整面公寓眺望

这样的挥斥方道

让立在公寓窗景里的人

无不荡气回肠在这段洲头

每周六的华灯初上

瞬间让万山红遍的焰火

既映衬着伟人的肩胛

也映衬着城市会客厅中的你我

今天，你坐在这里

看着这个品牌，在你眼前流波

才发现，原来除了常去的酒店

这里的茶香更能飘散出湘水的原醉

多少朋友你想见

多少位置犹豫选

却发现有些私密的静谧

原来真就和品牌的品位对位

……

【案例3：排比+韵脚】

以下文案节选自红星美凯龙30周年宣传片。

> **更好的日常**

我猜你知道设计是什么

可生活是什么你并不一定知道

生活是随便下点雨就一定会拥挤的高架路吗

还是应付完工作关上电脑发呆的那一瞬间

是记忆里一个好多年都忘不掉的名字

还是深夜街头半碗扬着热气的面

我们都曾以为理想的生活应该在别处

但你总有一天会明白

生活是否美好

只取决于拥有怎样的日常

而日常

就是所有家居设计的起点

事实上家居设计师不过是一群

奇怪的挑剔的敏感又多情的面对生活的人

为什么客厅一定要有吊灯

为什么沙发要占那么大地方

为什么马桶不能五颜六色

为什么总觉得东西没处放

为什么书架非得是木头的

为什么床始终睡得不够爽

人们都以为是他们在设计自己的生活

其实我们都注定活在别人的设计里

让日常生活变好的

并不是那些可能一生只有一次的惊喜

而是弧度刚好不会撞到的桌角

随意关上抽屉时的优雅手感

会自动调节光线的灯

和温暖又容易打扫的地毯

有时告别平庸的设计

就会开启未来生活的全新可能

再见,不耐看的椅子

再见,会响的床

再见,堆满东西的茶几

再见,无聊的白墙

再见,坐久了会累的沙发

再见,一碰就倒的床头灯

再见,永远擦不干净的水龙头

再见,不够好的日常

好的设计也许改变不了所有

却足以重塑日常

而更好的日常

也许就是生活该有的样子

【案例4：排比+对仗+各种押韵】

▶ 三里屯Village

这里是天堂，这里是地狱。

如果你爱一个人，你要带他去；

如果你恨一个人，你要叫他来。

这里是潮流革命前线，

这里是修身持志后院。

这里有偶像出现，

这里有竹林七贤。

这里名牌四射，

这里素面朝天。

这里吃喝玩乐夫复何求，

这里悲欢离合天长地久。

这里是诗人的流放地，

这里是艺术的自留地。

这里什么都是，

这里什么都不是。

这里是三里屯Village。

据说MINI文案"别说你爬过的山,只有早高峰"的作者之一白雪丹,教手下文案创作者学习节奏感用的就是这篇做范例。

文字最好的传播形式,在一千年前是诗歌,在今天或许是文案,而不变的是当中蕴含的节奏与力量,和对人心的掌控。

05 好文案不落俗：三招五式，写出高端大气的文案

文案常常被挑剔，其中一个常见的理由就是：

你的文案不够大气！

每当这时，我就会指着窗外的浮云，说道："看到没？那个才是真正的大气！"

对，大气的文案就是要像大气层那样，要有高度，要有广度，要绵延千百年而存在，要超脱尘世而独立！

宠辱不惊，淡看窗外云卷云舒。

那么，如何写出大气的文案呢？

一、定级别

如顶级、首席、世界级这些级别用词，无一例外，都是又大气又高端，虽然这些都不能用了，但定级别的方法依然有效，主要方式有两种：

1.时间维度

时间是宇宙万物的度量，一个词汇只要加上时间维度，就立刻

变得很有水准，例如年度人物、百年企业、千年古城、一生之敌、时代封面、世纪之战……

时间维度绵延纵深，赋予文案一种传奇色彩，让人不明觉厉。

◎一生，活出不止一生——人头马（白兰地品牌）

◎添极致，越百年——宾利·添越（豪华汽车品牌）

◎三千年成都，一座蓉上坊——成都蓉上坊楼盘

◎柔和古今珍传，缔造无限将来——GUCCI（时装奢侈品品牌）

2.空间维度

一个普通的词汇，加上一个比较大的空间范围，格调会瞬间提升，例如城市之光、华夏文明、世界奇迹、全球首发、视觉中国……

高度不够，广度来凑，空间的拓宽带来高度的提升，在地产广告中比较常见。

◎世界的港，自己的国——万达·维多利亚湾

◎中国三万公里海疆地标——绿城·深蓝中心

自然也少不了乔布斯亲自为iPhone4写的广告语：

◎再一次，改变一切——iPhone4

改变一切，范围囊括世间万物，的确是乔布斯才有的格局。

二、找参照

没有什么比No.1更大气的存在，在商业领域No.1也永远有人买单，这就是为什么大家总在追求销量第一、行业领导。

但因为杀伤力太大，而且难以准确判定，诸如"第一""No.1""首个"等作弊级词汇都被《广告法》所禁止使用。

可这并不意味着你不能表达你是No.1的含义，办法就是找参照，方式有三种：

1.比附

通过比附，和一些自带级别符号的意向攀上关系，来证明自己的级别。

◎平视上帝的海域——世纪海景·樽海（海滩别墅）

上帝的辈分够高吧？我，平视上帝，明确我的级别了吗？

◎将天下，放逐脚下——俊发·滇池ONE楼盘

天下的格局够大吧？我将之踩在脚下。

◎唯与山河争朝夕——德宝·方顶楼盘

气吞山河的气势背后，是对传统文化的尊重与执着。

2.对比

◎此前所享,皆属平常——香蜜湖1号楼盘

此前你拥有的一切,太普通、太平常,此后你享受的一切,将是最顶级、最奢华,传说中的吹牛不带"最"字,《广告法》也拿他没法。

◎走在未来之前——凯迪拉克
◎别人的前方是你,你的前方是世界——海岸城西座写字楼

3.类比
因为人和人之间难以互相理解,所以造物主发明了"类比"。

◎陆上头等舱——别克商务车

头等舱是什么档次?而我是陆地上的那一个。

◎iPhone=1个大屏iPod+1个手机+1个上网浏览器

当年,美国苹果公司的第一代iPhone问世时,乔布斯在发布会上没有直接说"iPhone是一款全新的智能手机",因为没人知道什么是"智能手机",这个概念对于普通消费者来说,太难理解了。所以,乔布斯便运用类比手法,借助人们已经熟知的概念来阐述,

让所有人很快就明白了，iPhone不是只有打电话的功能，还能听音乐、上网，为消费者带来更多新体验。

三、制造张力

充满张力、霸气十足的文案，没人敢说不大气。

那么，如何在文案中制造张力？就在于句子前后的对比冲突，张弛之间，张力尽显。

◎这是我个人的一小步，但却是全人类的一大步——阿姆斯特朗
◎两个座位，决定一个世界——宾利

如果在这种对比冲突的基础之上，再加一点朗朗上口的韵律，那势必带来更加震撼的效果。

◎天造一半，我造一半——望郡楼盘

你的房子，是上天造了一半，我们又为你制造了另一半，天与人的前后对比，自然与匠心的共同手笔，加上叠音字带来的音律气势，可谓霸气十足又内涵丰富。

再比如下面这句，每每看到，都会让我想起武则天的"无字碑"，是一种君临天下的高度。

◎世界由我，评价由他——万科·天琴湾

还有这一句：

◎不是所有吉普都叫Jeep——Jeep（汽车品牌）

同样地，也不是所有的文案，都需要大气。很多广告追求大气，本质上是为了溢价，赋予品牌和产品更多的价值感，拔高人们的心理预期，甘愿花更多的钱来买单。这一点在地产、汽车、奢侈品领域比较明显。

不盲目追求大气，该高的时候高入云端，该低的时候就低到尘埃，服务于整体的策略，才是文案的应有之意。

06 好文案会互动:玩转三要素,抓牢受众的注意力

有人的地方不一定有江湖,但有人的地方一定有广告。

据统计,现代人平均每天会接触到超过600条广告,其中能被注意到的不足10%,而能给人留下印象的更是少之又少。

我们不堪重负的大脑早已进化出"广告筛选"机制,一眼扫过,便可迅速识别大多数广告,然后一键忽略,释放大脑内存。

如何让出街的广告被更多人注意,成了摆在文案面前的一个课题。

如今一种"场景互动式文案"开始逐渐流行,用文案打破次元壁,让二次元的平面文案与广告所在的时间、空间、受众产生碰撞和互动。

从单向的传达变为双向的沟通,让人感觉这个广告不太一样,从而获得更多关注,是真正的"多人运动"。

有一些特别有话题性的内容,还会被传到网络上实现二次传播甚至刷屏,让传播的量级提升N个层次。

例如,知乎投放在地铁里的这则广告文案:

> 哥们儿,还站着呢

坐着的都在知乎看过啦:
"公交地铁中如何判断谁要下车?"
——知乎·每天知道多一点

当你在地铁里站到怀疑人生时,抬头看到这个广告,很多人可能会微微一笑:讨厌!白天在公司被老板调教,下班还要被你一个广告调戏……不过你和别的广告不一样,我喜欢。

因为它已经不是单向的灌输信息,到达即止,而更像一个与你面对面交流的人,在进行双向信息交互。吸引注意的同时,也带来不同以往的趣味性,符合广告"有趣即有效"的原则。

> 每个人的时间都一样多

首先你要相信这件事,然后来知乎看:
"如何克服严重的拖延症?"
——知乎·每天知道多一点

> 算了,不买了

这话你可别信,来知乎看:
"女人有哪些心口不一的话?"
——知乎·每天知道多一点

这种文案的关键在于和文案发生关系的场景要素,也就是——

天时、地利、人和。

这三者被称为场景互动式文案的"三叉戟",其强大的穿透力可以刺破大脑对广告的屏蔽,深入用户心智。

倘若失去了"三叉戟",那效果就会大打折扣。

下面举例看一下场景互动式文案"三叉戟"的一些应用。

一、顺天时:因时而定

即与时间发生关系。

文案借力广告出街的时间点,通过创造性的结合,实现文案与受众的互动。

例如,网易旗下自营生活家居品牌网易严选2020年初的一组户外广告,刚好处在疫情比较严重的时间点上,网易严选将原本的促销广告替换为公益温馨提示:

> 还是别看这个广告了

> 这原本是我们2.23-2.29的促销广告,现在临时换掉了。
> 虽然一切正走向正轨,
> 但也建议您少在公共场所聚集,别在广告前停留太久。
> 在家用心生活,等春来。
> ——网易严选

网易严选的这波操作成功引发了网络上大量的讨论和点赞,体现社会责任感的同时,也为品牌带来了极高的曝光量,可谓是"顺天时而变,得时机之利"。

再看一组湖南长沙楼盘"定江洋"的户外广告，出街地点为春运时期的长沙火车站，由著名的乙方公司揽胜广告操刀。

> 我从深圳回来

骨子里，还是湖南人。
——定江洋湖南最大滨江城市综合体欢迎您回家

> 我从武汉回来

骨子里，还是湖南人。
——定江洋湖南最大滨江城市综合体欢迎您回家

> 我从北京回来

骨子里，还是湖南人。
——定江洋湖南最大滨江城市综合体欢迎您回家

春运返乡正是各大楼盘主打"返乡置业"的高峰，定江洋结合春运返乡人群的心理状态，用一组互动式文案，切中霸蛮火辣的湖南人骨子里的骄傲——"无论从哪回来，我都是湖南人"，为定江洋在长沙的声名鹊起再添一把火。

主打"天时"的场景交互文案相对难得，毕竟看天吃饭总是充满不确定性。而"地利"就相对可控了，因此也会比较好操作。

二、应地利：因地制宜

即与地点发生关系。

基于广告出街的地点，借助空间地利，让平面的文案与三维的空间产生碰撞，打破次元壁，挥洒文案创意。

例如，这个世茂天城的户外广告，同样也是出自揽胜广告。

◎世茂天城，有右边这栋楼的两倍高——福州世茂天城

项目的卖点是高度，但人们对空喊的海拔数字已经麻木，怎么讲才能唤起注意？

环顾四周，发现了广告牌旁边的一栋高楼，于是就拉它入戏成为广告的一部分。

正所谓，强行配对可还行，一拉一踩最致命。

路过的人看到文案，都会不由自主地转向右边看看这个楼有多高。噢，原来这么高啊！一来一回，一看一转，人和广告牌打破次元壁的交流产生了，印象也就更深了。

再看一个夸克搜索的户外广告：

◎逛街应该遇到真爱，不该遇到广告——夸克-无广告搜索

一个打在步行街的广告，却告诉人们逛街不该遇到广告，然后将夸克搜索没有广告的优点广而告之，除了创意之外，逻辑也堪称鬼才。

借助空间地利的场景交互文案，除了可以借力周边环境，还可以借助旁边的广告，例如下面这则案例——一个公交车站并排而设的两块候车亭广告：

右边是联发·欣悦湾打出的广告"真联排,不叠加",首开·褐石墅则在其左边的广告位写道:"他说得对!"

在另一个公交站台,又变成了:

首开·褐石墅打出广告"有天有地,真墅不叠",联发·欣悦湾就买下旁边的广告位打出:"他说得对!"

这则广告的背景是这样的:

时值2018年初,随着地价上升和限墅令等因素,厦门当地的别墅产品日益稀缺,叠拼别墅(上下多户共享的类别墅)扎堆入市,联发、首开两大房企在此时推出联排别墅(传统意义上的别墅),两者本是竞品,却在众多叠拼别墅的夹击下抱团组成了市场上独树一帜的"真墅二人组",然后两者便开启了商业互捧的幸福之路。

究竟是谁先动的手不重要,重要的是整个厦门都沸腾了,各大媒体争相报道,朋友圈、本地论坛全部刷屏,一时间约看房的人络绎不绝。

公交车站:明明是我的地盘,却被你们秀成了爱的港湾。我反对这门亲事!

三、谋人和:因人而异

即与人发生关系。

广告是死的,人是活的,常识告诉我们,死物要和活物沟通只能靠托梦,所以广告想和人建立沟通,就必须"活"起来。

好文案从不满足于静静待在广告里,它们总是想跳出来和你对话。于是,就产生了很多成了精的广告。

例如,前文提到的知乎在地铁和电梯投放的广告:

> 我是一个广告,我喜欢你盯着我看

很多人在知乎看我:
"人工智能会产生感情吗?"
——知乎·每天知道多一点

> 内容太多,这里放不下

还是去知乎看吧:
"对你职业生涯帮助很大的习惯是什么?"
——知乎·每天知道多一点

> 在等电梯?我陪你呀

来知乎看:
"坐电梯时有哪些有趣的事?"
——知乎·每天知道多一点

假设你人在北京,刚下地铁,看到这样一组广告,即便是万念俱灰的周一,想必也会会心一笑吧。

用文案和受众对话,没有人比揽胜广告更精于此道,如果有,那只能是尼尔·法兰奇。

如图为尼尔·法兰奇为Prontaprint双色印刷厂做的广告。

在一大堆黑色字的中间,用醒目的红色字(原稿是红色,文中见加下画线那行文字)写道:

◎那么,为什么你首先阅读了这行呢?

看完第一句就知道我被调戏了,而且对方不是人,是一条广告。最关键的是你还会忍不住读下去,看看他到底还有什么花样。

这就是场景交互式文案,让传统到不能再传统的线下广告也能秀到飞起。

核心要素就是借力天时、地利、人和打出成吨的杀伤力,来收割线上、线下日益稀缺的注意力。

正所谓打通天地人,方能抓住精气神!

07 好文案富诗意：具象化表达情感，让画面感更有记忆点

一位作家说过，诗意是其他一切文体的基础，它是有关人类对于美好事物的终极表达方式。

无论是美丽的景致、美好的情感，还是美妙的感受，最动人的呈现，莫过于诗意的表达。

如何写出诗意的文案？这里也整理了两个答案：

一为诗意的元素；二为诗意的表达。

一、诗意的元素

美好的意象是诗意的基础，美物、美景、美人，美好的情感和体验，都是构成诗意的基础元素。

比如《天净沙·秋思》，"枯藤、老树、昏鸦，小桥、流水、人家"几种景物的罗列，诗意就自然流露。

枯藤老树昏鸦，

小桥流水人家，

古道西风瘦马。

夕阳西下,

断肠人在天涯。

——《天净沙·秋思》

二、诗意的表达

如何将诗意的元素融入文案的诉求,让文案更能触动人心,就需要诗意的表达,主要有三种方式:

1.反衬

诗意情感的表达离不开戏剧化和张力,通过一系列的铺陈积淀情绪,再通过对比反衬,让情感达到高潮,诗意自然浮现。

> 十一行诗

北欧的极光璀璨

尼亚加拉瀑布的雄伟壮观

驻足诗情画意的塞纳河畔

最自由的阿姆斯特丹

壮丽雄伟的喜马拉雅山

阳光灿烂的夏威夷海滩

辽阔的塞伦盖蒂草原

但

关掉电脑

这些地

我都没去过

——高德地图·十一去旅行

先是为你呈现全世界的壮美景致,然后关掉电脑让一切归于虚无,这种错过的遗憾就被无限放大,对出发的渴望更加呼之欲出。

类似的诗词例子,有冯唐的《春》以及沈从文的《湘行散记》等。

春水初生,
春林初盛,
春风十里,
不如你。
——冯唐《春》

我行过许多地方的桥,
看过许多次的云,
喝过许多种类的酒,
却只爱过一个正当最好年龄的人。
——沈从文《湘行散记》

正所谓最大的残忍不是失望,而是给你希望再剥夺希望,这种情感上的左右拉扯,就是藏在人类情绪背后的密码,也是诗意情感的源泉。

2.比拟

如何让寻常普通的意象产生诗意?

打破语言原有的规则,营造出新鲜跳跃的文字体验,是一个好方法。"比拟"是其中最常用的方式。

所谓"比拟",就是把一个事物当作另一个事物来描述,比如将物比作人,将人比作物,或将甲物化为乙物。

下面举几个运用了比拟手法的文案例子:

例如,翰佛广告(H&B studio)的这三篇海报文案,一是将思念比作声音,后两个则是运用了拟人(比拟的一种)。

◎思念如果有声音,恐怕早已震耳欲聋——商联中心·清明
◎认真读书,就能找到,被人生偷藏起来的糖果——千禧书店
◎时间有个好习惯,目中无人——时间廊手表

再如程鸿蔚的这篇报广文案,把人生比作流水,能奔涌向前,也愿甘心凝固。

◎谁让这流动的人生,有了甘心凝固的理由——万科·波托菲诺

其他运用比拟手法的诗词例子,例如下面这句"神仙诗句",来自2007年出生的"萌派诗人"姜二嫚,把黑夜比作了一张纸或者一面布。

◎灯把黑夜，烫了一个洞——姜二嫚《灯》

还有南唐后主李煜的这首《相见欢》，把"离愁"比作了剪不断、理不清的"丝线"，让"愁"也变得清晰可见。

无言独上西楼，月如钩。
寂寞梧桐深院锁清秋。
剪不断，理还乱，是离愁。
别是一般滋味在心头。
——《相见欢·无言独上西楼》

3.比喻和类比

诗意的体验，需要具象的表达，更离不开画面感的呈现，让抽象变得具体，美好的体验才能活灵活现，主要的方法是比喻和类比（比喻的一种）。

◎问君能有几多愁？恰似一江春水向东流——李煜《虞美人》

这是比喻，忧愁像是一江春水绵延不绝。

◎天青色等烟雨，而我在等你——方文山《青花瓷》

这是类比，用汝窑烧制"天青色"时对烟雨天气的期待，表现"我在等你"时的急切心情。

◎别把酒留在杯里，别把话放在心里——泸州老窖父亲节微电影

这是类比，把对家人的有爱直说，类比为有酒就干，不留遗憾。

无论比喻还是类比，都是为了让情感和体验更容易被感知，更能深入人心，自然也离诗意更近。

"诸缘忘尽，未忘诗"，你可以不喜欢读诗，但不可以没有一点诗意。

为文案插上诗意的翅膀，它就可以带你飞到任何地方。

08 好文案够彪悍：五类硬核文案，玩的就是心跳

苹果公司迄今为止最伟大的电视广告"1984"的作者史蒂夫·海登（Steve Hayden）曾说过：

文案，如果想多挣钱，就取悦客户；如果想拿大奖，就取悦自己；如果想成为伟大的文案，就取悦消费者。

事实上，许多文案创作者也是这么做的。他们善解人意，洞察人心，他们深谙消费者的需求，并投其所好，他们迎合主流价值观，努力做到政治正确。

然后，他们也创作出了许许多多的经典文案，消费者开心，文案创作者也名利双收。

◎没有一种身材，是微不足道的——NEIWAI内外（内衣品牌）
◎你未必出类拔萃，但肯定与众不同——104人力银行（人力资源服务机构）

◎读书的人,面上有光——Kindle青春版·发光上市

这些经典的文案,给人以正念、自信和美好的体验,为品牌积累了资产,也为产品贡献了销量。

但有些硬核文案,偏偏不爱取悦消费者,他们不求认同,不爱走心,或恰恰相反,他们还喜欢"杀人诛心"。

往往上来就是给你一闷棍,"啪"的一下,很快啊!你大意了啊,没有闪,被打倒在地。虽然感觉很痛,但痛过之后,却会收获很多。

这些文案从不会惯着你,整个的态度就是:爱来不来,爱买不买,文案一甩,谁也不爱。

再看两条芝华士威士忌的文案:

◎如果你不认识它,你可能还没为它准备好。

◎它就像生活方式,如果你要问是什么生活方式,说明你不曾拥有这种生活方式。

别人向左我向右,当别人都在讨好时,我偏偏对客户爱搭不理。

但有些人偏就吃这一套,像是霸道总裁第一次被打耳光一样:

"啊,前所未有的感觉。其他广告都在刻意迎合我,只有你,给了我不一样的体验。广告,你成功引起了我的注意!"

如今,这一类的硬核文案,在厕所里也尤为多见,毕竟有时你讲道理不管用,得来点硬的才行。

"来也匆匆,去也冲冲"搞不定的,可以用这一句:

◎不冲走，请带走。请自觉冲水！

"请节约用纸"办不到的，或许这句可以：

◎是扯卫生纸，不是扯哈达。

这种的硬核文案，细分下来，主要有这么几类：

一、鞭策式

人都是有惰性的，在哪里跌倒恨不得在哪里躺下，如果大家都岁月静好，那我们的现代化建设还搞不搞？

所以，就需要硬核文案的鞭策。

◎站不住的话，那就滚蛋——上海玖玺楼盘
◎主动妥协的人，不配幸运——钉钉（移动办公平台）

二、激将式

生活太安逸，总想找刺激？硬核文案，玩的就是心跳。

◎Ride hard die fast.（骑得猛，死得快。）——哈雷摩托

而另一个国产摩托品牌，文案和哈雷异曲同工：

◎建议独生子女远离刺激游戏——摩瑞摩托

如何充分、全面、无死角地体现"全明卫生间"的卖点？

◎日光下泡澡更容易使人入睡，因此导致的呛水可能致命。
让全西安卫生间都亮起来，从我做起！
——西安就掌灯楼盘

三、威胁式

有时候好话说尽不顶用，就需要来点恐吓。硬核文案讲究直戳要害，你怕什么，我就来什么。

◎癌症治愈烟瘾——癌症患者援助协会

四、批判式

◎小儿麻痹，其实是大人麻痹——根绝小儿麻痹服务
◎忙于成功的人生，很失败——地产广告

五、挖苦式

◎别说你爬过的山，只有早高峰——MINI（汽车品牌）
◎有人40岁了，有人洗洗睡了——野鸭湖别墅

酸不酸？服不服？

这种文案，很多人在第一次见的时候，往往会略感不适，但仔细回味，会发现其实它说得都对。

09 好文案很诱人：如何写出让人直流口水的美食广告

美食菜谱APP"下厨房"告诉我们，唯有美食与爱不可辜负。

但看到很多美食节目，主持人反复唠叨着"美味、鲜香、爽滑、入口即化"几个干巴巴的词，不由得觉得这些好吃的都被辜负了。

好的美食文案，是可以不看画面、不听声音、不闻味道，就让人口水泛滥。

能写出这些文案的人啊，上辈子都是减肥失败的天使，因太重而掉落凡间。为报复社会，他们把天堂的美食描写出来，让看了吃不到的人，口水流一地。

如何才能和他们一样，把食物写得让人口水直流？

这里总结了几种方法，三分是套路，七分是对美食的爱，正所谓——双剑合璧，口水一地！

让我们，不辜负每一份美食，就像不辜负每一个爱你的姑娘。

一、他吃不到？成为他的眼、他的口、他的鼻子

推荐美食最好的方法，是亲自试吃，但隔了千山万水，如何才

能让他尝到？唯有变成他的眼、鼻子、耳朵、舌头……化作他的五感六欲，才能迷得他七荤八素。

诉诸五感，不能靠辞藻的堆砌，而要靠对体验细节的立体呈现。

◎视觉："超大的鱿鱼"VS"比脸还大的鱿鱼"
◎味觉："鲜香美味，意犹未尽"VS"一口咬到胳膊肘"
◎触觉："口感酥脆"VS"边吃边用手接着嘎嘣脆的酥皮"
◎嗅觉："美味珍馐，香气扑鼻"VS"香味窜进鼻子，牵着我走进马路对面的小店"
◎感觉："一杯下肚，身心舒畅"VS"一口入魂"

很多作家都是这方面的顶尖高手，看看这些大文豪们是怎么刻画美食的。

◎一觉醒来，满屋醇香（嗅觉），起看肉烂汤浓，其色如奶（视觉）——贾平凹《羊肉泡馍》

◎所谓"西施舌"者，状其形也。白而洁，光而滑（视觉），入口哂之，俨然美妇之舌（触觉）——李渔《闲情偶寄》

◎带着点心渣的那一勺茶碰到我的上颚（触觉），顿时使我混身一震，我注意到我身上发生了非同小可的变化。一种舒坦的快感传遍全身（身体感受），我感到超尘脱俗（内心感受），却不知出自何因——马塞尔·普鲁斯特《追忆似水年华》

◎软软的蛋花在舌尖上滑动（触觉），螃蟹肉带着生命的芳香

（嗅觉），残留着些许海洋的腥味（味觉），嘴巴和手指立刻变得滑腻腻的（触觉）——村上龙《孤独的美食家》

◎喝香蕉牛奶时，联想到了，月亮在白莲花般的云朵里穿行（内心感受）——王玎玲《下饭的诗》

二、他不在场？告诉他怎么吃，让他身临其境

营造一种熟悉的场景，告诉他在什么地方吃，在何种时间吃，究竟怎么个吃法，吃时会发生什么……细节越丰富越好，从而代入自己，产生"哇，原来这么好吃，我也想尝尝"的感觉。

◎虽然有雾霾，但在楼下闻到蒜薹炒肉的味道，还是会摘下口罩——回家吃饭（家庭厨房共享APP）

蒜薹炒肉，"国民炒菜"中仅次于西红柿炒蛋的存在！一把把你拉回到10岁那年，饿着肚子回家，还没进门就闻到了蒜薹炒肉的香味，啊，那是我逝去的青春！

◎用三分钟时间守候泡面飘香，隔着冬夜，一窗水汽欲滴，就是最平凡的幸福感——日食记（美食视频短片）

泡面、水汽、冬夜，多么熟悉的情景！那一晚冬夜，那一碗泡面，蒸腾的香气混合着凝结的水汽……看完跑去楼下买了两包汤达人。

◎所有的眼光都向她射过来了，不久香味散开了，它增强了人的嗅觉，使得人的嘴里浸出大量的口水，而同时腮骨的耳朵底下发生一阵疼痛的收缩——莫泊桑《羊脂球》

是否想起了某次加班，隔壁工友在吃外卖，害你足足流了两斤口水。充满细节与画面感的场景描写，让一切仿佛就在眼前。

◎取食的时候要眼明手快，抓住包子的皱褶处猛然提起，包子皮骤然下坠，像是被婴儿吮瘪了的乳房一样，趁包子没有破裂赶快放进自己的碟中，轻轻咬破包子皮，把其中的汤汁吸饮下肚，然后再吃包子的空皮——梁实秋《汤包》

梁大师这段小汤包的描写，抓提咬吸，一气呵成，没一个"香"字，却把大家香得东倒西歪。

三、他想象不到？那就化抽象为具体

描写食物，形容词必不可少，但不同的人对同一个形容词的理解是不同的，有杨宗纬的歌为证："你说的甜是什么甜？你说的鲜又是什么鲜？"

甜过初恋、热恋还是婚外恋？鲜过海鲜、河鲜还是味极鲜？

所以我们必须把形容词具象化，也就是化抽象为具体。

1.类比——用熟知，表达未知

1300㎡超大庭院，有多大？"停得下一架波音747"。

iPod便携播放器，有多便携？"把1000首歌装进口袋"。

超级甜的芒果,有多甜?"甜度比甘蔗还高了两个苹果"。

用熟知的事物"翻译"未知的事物,要点是类比和比喻要贴切,不能牵强和太过浮夸。

◎出游时带上这颗"水果糖"吧——每日优鲜-久红瑞蜜瓜

不知道有多甜?告诉你,和水果糖一样甜。

◎"入口即化",好像在吃西瓜——每日优鲜-祁县酥梨

不知道有多酥?和西瓜一样入口即化。

◎鲜甜多汁,入口丝滑,三文鱼般的美妙口感——每日优鲜-海南木瓜

入口丝滑,有多滑?就像三文鱼那样滑。

2.定性——用结果,表达程度

程度是定量的,表达与接收难免出现一定的误差;结果是定性的,很容易达成共识。当然这个结果,一定要合乎逻辑,又出人意料,才能达到效果。

◎西太后识味停车,杨贵妃闻香回马——西安赵家腊汁肉店

西太后和杨贵妃啥没吃过啊,她们见了都挪不动腿!多香多美

味了解一下?

◎这些美食不光纹理清楚,而且香气也快要飘出了屏幕外——《舌尖上的新年》(2016年上映的纪录电影)

有多香?隔着屏幕都要飘出来了。

◎甜掉牙,不管镶——野生黄心猕猴桃

多甜不解释,警告你,甜掉牙自己负责!

◎一箸入口,三春不忘——汪曾祺《豆腐》

只吃了一筷子,然后春去秋来寒至暑往,悠悠三载几度枯荣,却还在回味那时的味道。
怎么样?是不是感觉肚子看饿了却还是不知道怎么写?
在不知道怎么写的时候,尽管吃就对了!
因为吃下去,天自然会亮。

10　好文案一稿过：三个秘诀，让你避开文案写作禁区

有一天，一位创作文案的前辈见我闷闷不乐，就问我："小伙子，发生了什么事？"

我说："×项目的甲方不讲武德，把我的文案稿毙了。"

他看了一下，说："你写文案用死劲不好使，传统文案讲究化劲。"我很不服气。

他接着说："你刚接这个项目，你不懂，他们的对接人比较保守，你写的虽然还行，但和之前风格差异太大，他不敢用，怕被老板骂。你听我的，写一版和之前风格类似的。"

最后，果然过稿了。

前辈说："年轻人，你要好好反思。以后不要再耍这样的聪明，小聪明啊。文案要以和为贵，不要瞎创新。"

我大惊，难道这就是传说中的"混元文案功法"？

后来，我认真反思了一下，结合前辈的指导和这几年（被毙稿）的经历，大概整理了这么几条提升文案过稿率的经验。

一、写好你的文案

首先,需要明确文案的目的:宣传品牌、产品,还是活动?

其次,确定文案的诉求:主打更长、更硬,还是更持久?

最后,确认文案的形式:是长文案、短文案,还是系列文案?至于文案的风格、选用的媒介、必须体现什么、禁止出现什么,等等,这些都要确认清楚。有时明确了要求你就成功了一半,82%的毙稿都源于没有明确要求。

需求确认之后,就要开始收集资料和研究产品。

20世纪40年代,詹姆斯·韦伯·扬写下了5条文案撰写的程序:

1.尽可能收集与主题相关的资料,阅读资料,圈画重点,找出问题,访问工厂。

2.坐下来,积极探索解决问题的方案。

3.停下手上的工作去干别的,让你的潜意识继续工作。

4."啊,这就是答案?"

5.认真策划,把你的想法变为现实。

伯恩巴克说:"魔力蕴藏在你的产品中……你必须和你的产品生活在一起,精通它,融入它。"

林桂枝为了做汽车广告专门学习了机械原理,澳大利亚文案大神约翰·贝文斯(John Bevins)为了给新西兰旅游局写文案,自己跑到新西兰街头瞎逛。

小马宋曾经发过一张照片,在公司接了一个速食品的项目后,开始组织全员试吃，各种品牌的速食品堆成了一座小山。

等到了写的环节，你会发现在收集资料的过程中，很多好想法、切入点、好句子，已经从脑子里蹦了出来。

正如詹姆斯·韦伯·扬的名言："创意就是旧元素的新组合。"

收集和整理的过程也是收集"旧元素"的过程，新的创意可能就在其中孕育。

此时你需要将这些创意想法、产品信息进行整合，总结提炼为广告语或按照逻辑成文。

等初稿完成后，要对照需求进行自检，正如英国创意大师保罗·菲什洛克（Paul Fishlock）所说：

尽量简洁明了，用最简单、任何人都看得懂的常用词和日常短语。不合格的标题和自作聪明的文字游戏一概不用，除非它们足够直白。我会检查有没有忍不住写出来的耍小聪明的句子，还会看有没有陈词滥调的句子可以改写……

巧合的是，马保国老师也告诫年轻人"不要耍小聪明"。果然都是大师，讲的道理都是相通的。

以上工作做到位，就可以保证你的文案是"正确无误"的，再辅以比喻、对比、拟人等修辞技巧，或一些押韵、叠字等金句技巧，你的文案就是70~80分的高水准了，通常可以满足大多数客户的要求。

假如客户还是不满意，那么问题可能是出在了第二层。

二、了解你的客户

当你写出自己满意的作品时,那只是开始,只有拿出客户满意的作品时,才算大功告成。

"一稿过"这种事,就连豪取20次"One Show金铅笔奖"(一项国际性的广告赛事)的路克·苏立文(Luke Sullivan)一生也只经历过三次。

在苏立文看来,文案写的好不代表一定会过稿,你还必须了解你的客户。

1.了解客户的企业文化

苏立文说,要尽量多花些时间和客户接触,和研发部门的人聊聊,和商品经理开开玩笑。他们对你了解得越多,他们也就会更信任你。他们越信任你,也就会接受你那些奇怪的和让人讨厌的创意。

在接触的过程中,你也能向他们学到一些东西。你会感觉出这个客户的调性。他们能接受到什么程度,他们认为什么才是有趣,一旦把这些事弄清楚了,你就能减少很多痛苦。

2.不要让他感觉在冒险

不要让客户听到"风险"之类的词汇。甲方客户讨厌风险,一个广告砸锅了,对你而言最多丢一个项目,对客户而言可能是丢掉饭碗。

你这边"搏一搏,单车变摩托",客户"搏一搏,姚明变罗锅"。

你玩脱了被老板骂一顿完事,客户搏输了,就直接"找工作跟老板谈"了。

因此他们经常倾向于"二流"但稳妥的广告，所以有时客户选了凑数的那一版，不一定是品位差，而是求生欲强。

因此当你展示一个独特的创意时，一定不要用类似"冒险""试一试"等词汇，而是要换个说法，比如"另辟蹊径"，才更容易过稿。

三、学会卖稿

然而，有时你的文案写得不错，客户也挑不出毛病，但他会想：虽然这文案很好，但为什么一定是这一句，而不是下一句？

每一场"改稿一百次，用回第一版"的惨案，都是这么开始的。

此时，与其感叹"Oh my god"（我的天哪），不如赶快去"卖稿"。

可能很多文案人不善言辞，但这就像飞行员不能怕高一样，文案人一定要学会卖稿，有时一句话就能让自己和团队少熬一个通宵。

如路克·苏立文所说，在他的广告生涯里，大约用20%的时间做创意，然后用80%的时间去捍卫自己的创意。

对于如何卖稿，经典文案之书《全球一流文案》的作者阿拉斯泰尔·克朗普顿说："用创意人员的方式去思考，用业务人员的方式去说话。"

卖稿，一定要站在"客户生意"的视角，而不是"自身创意"的视角；一定要站在"战略"的高度，而不是站在"广告"的角度。

当你从战略上推演你的广告作品，意味着你对产品信息、市场营销、客户需求了如指掌，只要逻辑自洽，任谁也很难推翻。没有

"刀枪不入"的文案,只有自圆其说的文案。

广告界有个传言,说伯恩巴克口袋里总有张小字条,每当和客户僵持不下时,他就拿出来看看。字条上写着:他们可能是对的。

或许有时文案被否,的确是我们的错误,有时接受自己是错的,反而有助于我们写出更好的文案。

11　好标题会说话：六大模板，轻松写出10万+爆款标题 >>

俗话讲：话有七说，巧说为妙。

对于同一个事件，可以有100种不同的说法，比如美国前总统唐纳德·特朗普（Donald Trump）确诊新型冠状病毒肺炎，一时间报道和评论铺天盖地，各种态度、各种角度、各种尺度，全都有。

看了一圈，整理了一些标题的写法，基本上大部分的标题技巧都在里面了。

一、有一说一型

◎刚刚，美国总统特朗普确诊新冠——《台州晚报》

俗话说"字越少，事越大"。当事件本身就是大新闻，就不需要太多措词修饰，简洁直白地说明就好，最多加点实效用词，营造紧迫感，让人看了忙不迭打开，生怕错过大新闻。

◎快讯！特朗普夫妇确诊新冠——封面新闻网

◎突发！特朗普夫妇，新冠检测阳性——《劳动报》
◎刚刚！特朗普确诊感染新冠病毒——腾讯新闻网
◎74岁特朗普新冠病毒检测呈阳性——《华商报》

二、引发好奇型

◎他确诊了——地球知识局

放出一个刺激性信息作铺垫，再留一部分悬念，通过"延迟满足"吸引人一探究竟。

疫情期间，"确诊"一词无疑是最具杀伤力的刺激性信息之一，"他"到底是谁？又有哪个重要人物确诊了？把读者的好奇心拿捏得死死的。

◎特朗普夫妇确诊感染新冠病毒，罪魁祸首可能是她——腾讯网
◎要是特朗普输给病毒……——搜狐网
◎特朗普感染了新冠，但还有比这更可怕的事……

三、打破常规型

◎确诊新冠，特朗普连任更有希望？——思想潮网
◎特朗普确诊是苦肉计？——新浪网

挑战大众最普遍的认知和看法，即使不能鹤立鸡群，至少也能够不落俗套，让你的标题像黑暗中的萤火虫那样鲜明夺目。

四、观点输出型

◎特朗普确诊,我高兴就是没人性?——INSIGHT视界(教育类自媒体)

抛出一个态度鲜明的观点,让赞同的人去支持,让反对的人去批判,总之不会让人无视,而且也能引发更深层次的讨论。

◎特朗普确诊,中国网络上出来一大批他的孝子贤孙
◎川普(即特朗普)染新冠,脑残蹦得欢
◎特朗普感染新冠:最廉价是阴谋论,最不宜幸灾乐祸
◎特朗普确诊:从宽抗疫的代价

五、提出问题型

◎特朗普感染新冠,对中国意味着什么?——《三联生活周刊》

知乎说"我们都是有问题的人",提问题是人类的天性,把大家关心的问题提出来并予以解答,自然可以收获更多关注。

◎川普(即特朗普)夫妇怎么感染的?到底是打脸,还是做戏?
◎特朗普确诊新冠:如有不测,美国总统谁来做?
◎特朗普确诊感染新冠,是脱身计谋,还是不幸中招?
◎一场骗局?特朗普确诊新冠是竞选套路?

六、矛盾对比型

◎特朗普确诊感染新冠,却是拜登的坏消息?——《中国新闻周刊》

用矛盾、冲突、反差来营造戏剧性,而戏剧性则是让人产生兴趣的源泉。

我们活在一个信息爆炸的时代,每天有大量的资讯充斥眼球,表达的方式、切入的角度、立意的主张、站着的视野、揭示的意义,都大不相同,那些成功引起你注意的,必然有其独到之处,多多留意琢磨,或许就能为你所用。

PART 3

磨炼：文案成长的"慢功夫"

01 勤动笔：这四点建议，请您查收

很多文案创作者都有一个苦恼：明明看过很多文案技巧，却依然写不出一句好文案。

其实，原因就在于少了最重要的一环：实践。

只有在实践中不断打磨，才能让技巧内化为自己的东西，否则技巧只能是技巧，永远无法转化为你的技能。

以下是这些年从文案前辈那里得到的一些建议，总结一下与大家共勉。

一、无论你现在多厉害，还是得再加把劲

写文案最怕自我感觉良好，一旦你感觉良好了，基本就告别优秀了。

之前有位写文案的同事，才华横溢。但老板对她的文案各种找茬，她就很不服气。直到读了老板早年的一些文案作品，她佩服得五体投地。之后每次被批评得气不过时，她都会拿出来看看，立刻心如止水，埋头改稿。

于是，她越写越好，一番历练后跳去了某知名4A广告公司，然后发现，就这？直接轻松带领全队，过稿如过凌晨4点半的马路一样容易。

我个人非常崇拜的重庆文案大神张老板，他有位客户自称"重庆第一文案"，当客户看了张老板的楼书后，就没再提过"第一文案"的事。后来，张老板看过重庆优点广告公司王富中的楼书后，也再也不敢自称是地产文案创作者。

以下文案节选自王富中的楼书：

> 心甘情愿陷落在这庭院，忘记外面

就是这样的蓝庭，还要刻意吗？

走着，躺着，站着，蹲着，转悠着。

想怎么样就怎么样，慢跑也可以。

甚至不超过那只蚂蚁，懂得慢到极致，外面才会跑得更快。

左转，右转，倒退，一个劲地晃圈，把全身的疲倦甩掉，满心满肺。

注意林荫大道，落叶大道，小心台阶，藐视石板路，亲睐水里的倒影。

真就要这样，躺下来，躺在木板桥，躺在草地上，躺在树影下。

所有的废气，所有的喧嚣，所有的外面，都不记得了。

正所谓，山外青山楼外楼，白云之上有蓝天，蓝天之上还有无尽星空。永远不要盲目自信，更不要自己设限。自我满足是很可怕的一件事，那意味着你真的老了，变成了一个只会给年轻人忠告的油腻大叔（大姐）。

二、不要害怕力气白费，多干点活不吃亏

毙稿100次，用回第一稿，很惨吗？那可真是太惨了！但是你同时也收获了100次突破自己的机会，这种历练靠自驱动是很难完成的。

没有甲方、老板的压力，你根本不可能拼尽全力，而只有拼尽全力，才能真正地磨炼自己。

之前公司训练实习生，上来就是100个标题，然后毙掉，再来100条。

同样的经历，资深广告人空手也曾提到过。他毕业后进的第一家广告公司每遇重大项目提案或大型比稿，都会组织大家去山上的酒店封闭作业。每人每次开会提交50条文案，完事再布置50条，一天组织四五轮。有人直接现场崩溃离职下山回家。一样的操作，据说揽胜广告的杨海华也搞过。

是不是感觉白费力气，得不偿失？其实不然，在这种高压下，你必须拼命找角度、玩命想切入点，当你把所有常规的点都想过一遍，强迫自己继续发散、突破的时候，灵感往往会突然降临，想出一些很特别的创意。

这种魔鬼训练几次之后，会发现自己的创意思维大大提升，你能迅速写出好文案。

之前我也经常遇到改稿无数遍的情况，过程虽然生不如死，但是经历之后，会感觉在某一个领域的思维能力有了质的提升。

要始终坚信，所有的努力都不会白费，一秒钟都不会，它总会让你在意想不到的地方，比别人强。就比如你学会了游泳，很可能拿不到冠军，但是你再也不会溺水了。而且说不定你还可以同时救你女朋友和你妈，解决了这一世纪难题。

写文案也是一样，这次拼尽全力没卖出去的广告语，下次换个客户说不定就卖出去了。所以，每一稿都要竭尽全力，即使没有得到客户的认可。

文案大师大卫·阿伯特（David Abbott）的传世之作——芝华士（Chivas）父亲节长文案《因为我已经认识了你一生》，最初是为一个巧克力品牌所写，客户嫌太悲情没有采用。

▶ 因为我已经认识了你一生

因为一辆红色的RUDGE自行车曾经使我成为街上最幸福的男孩

因为你允许我在草坪上玩蟋蟀

因为你的支票本在我的支持下总是很忙碌

因为我们的房子里总是充满书和笑声

因为你付出无数个星期六的早晨来看一个小男孩玩橄榄球

因为你坐在桌前工作而我躺在床上睡觉的无数个夜晚

因为你从不谈论鸟类和蜜蜂来使我难堪

因为我知道你的皮夹中有一张褪了色的关于我获得奖学金的剪报

因为你总是让我把鞋跟擦得和鞋尖一样亮

因为你已经38次记住了我的生日，甚至比38次更多

因为我们见面时你依然拥抱我

因为你依然为妈妈买花

因为你有比实际年龄更多的白发,而我知道是谁帮助它们生长出来

因为你是一位了不起的爷爷

因为你让我的妻子感到她是这个家庭的一员

因为我上一次请你吃饭时你还是想去麦当劳

因为在我需要时,你总会在我的身边

因为你允许我犯自己的错误,而从没有一次说"让我告诉你怎么做"

因为你依然假装只在阅读时才需要眼镜

因为我没有像我应该的那样经常说谢谢你

因为今天是父亲节

因为假如你不值得送CHIVAS REGAL这样的礼物

还有谁值得

你所经历的一切,构成了现在的你。所以,写文案,永远不要担心自己的努力白费而不去尽力,它或许在将来会被派上用场,即使不会,它也会成为你成长路上的磨刀石。

三、文案创作者无论多资深,都要亲自干活啊

中国地产广告元老级人物程鸿蔚,据传手上有多家广告公司,如今依然在亲自写文案,而且一写就是一个系列。

翰佛广告(H&B studio)的创始人汉弗莱(Humphrey),自己写文案,而且都是超级长文案,虽然你读起来永远不会嫌它长。

尼尔·法兰奇担任WPP集团全球创意总监时依然在写文案,大

卫·阿伯特60多岁时还在写文案，氩氪北京CCO（首席创意官）邱博涵会自己写文案，胜加广告CEO（首席执行官）马晓波会自己写文案还老出圈，W的创始人李三水也是自己写文案……

这么多大佬都没有不干活，但有些文案创作者做了领导后，就开始不干活了。

还有资深文案大佬，近十年没有正经干活了，至今仍拿着十五六年前的作品撑门面，却非常热衷于出书，很多本啊，告诉年轻人如何写好文案。

写文案不能停下来，因为一旦停下来，那可就真的太舒服了。一舒服就很难再拾起来了。

四、如果你感觉现在很难，那应该是你上升最快的阶段

创作文案，不能有了灵感才动笔。很多文案工作者都是在没有感觉、提不动笔、并不擅长的情况下开始的，只有克服拖延，强迫学习新东西，才能完成手头的工作。这个过程挺痛苦的，因为你触碰到了自己的边界，但这往往也是上升最快的时候。

有些人说自己有5年的文案经验，其实只不过是把第一年的经验重复用了5年。

如果你写文案总是感觉很简单、很顺手，说明你走在自己最舒服的路上，形成了路径依赖，写100篇也很难有进步，可能提高的只有手速。

资深传媒人梁文道就说过，如果一辈子只读你读得懂的书，那你其实没读过书。真正严格意义上的阅读总是困难的。你读完一本很困难的书，你不能说自己都懂了，但是你的深度被拓宽了。

经常有人说自己的专业遇到了瓶颈，那么恭喜，你已经发现了自己上升的路径，在那些不愿面对的问题里，藏着你进步的秘籍。

不要总让自己那么舒服，舒服意味着原地踏步，舒服意味着你没有进步。

02　多经历：管住嘴，迈开腿

没有经历的文案创作者，就像不加调料的泡面，虽然能吃，但总少了点味道。

每一句动人文案的背后，不一定有动人的故事，但一定少不了动人的经历——你流过的每一滴泪，吃过的每一顿饭，爱过的每一个姑娘，都会自觉不自觉，成为你文案的一部分。

想想是不是这样？无数个加班的夜晚，面对一张白纸，一如自己空白的人生，无处落笔。一旦写到经历过的事物，就下笔如尼尔·法兰奇。试想第一个写出"甜过初恋"的水果摊大妈，如果没有体会过初恋的甜腻，又怎能写出柑橘的蜜意？

文案两个字，一点一画，是动人的经历，一撇一捺，是让我们管住嘴、迈开腿，去体验生活的多样。试想每天只知坐在工位、宅在家的人，恐怕永远写不出"世界很美，而你正好有空"（片刻APP）。

大卫·阿伯特曾经说过："把自己放在作品里，用你的生活去活化你的文案，如果有什么感动了你，有很大机会，也会感动别人。"

另一个著名的大卫表示赞同,大卫·奥格威正是在亲身体验过新劳斯莱斯的驾乘感受后,才写出了著名的:

◎当时速60英里时,这辆新款劳斯莱斯车内最大的噪音,来自它的电子钟。

同样,没有经历过格子间的束缚和说走就走的旅行,又如何能写出:

◎你写PPT的时候,
阿拉斯加的鳕鱼正在跃出水面;
你研究报表的时候,
白马雪山的金丝猴刚好爬上树尖。
你挤进地铁的时候,
西藏的山鹰一直盘旋云端;
你在会议中吵架的时候,
尼泊尔的背包客一起端起酒杯在火堆旁。
——节选自淘宝最会写文案的女装店"步履不停"的经典文案

如果你不去恋爱,不去失恋,不去体验爱情的苦辣酸甜,又怎能写出:

◎在东京失恋了,幸好酒很烈——日本极上吉乃川酒

如果没有体验过一个人的孤单和两个人的温暖,可能也很难体会:

◎酒,两个人分着喝就会比较暖——日本极上吉乃川酒

如果不曾和兄弟一醉方休,把炽热的情和火辣的酒一并灌进喉咙,可能永远也写不出:

◎用子弹放倒敌人,用二锅头放倒兄弟——红星二锅头酒

经历之前,你写下的是文字,经历之后,你写下的就是你生命的精华。为什么有些文案那么值钱?因为值钱的永远不是文字本身。

例如,一个开发了十年的楼盘,广告该怎么说?

"十年醇熟大盘,幸福一座城市。"

而真正在一个地方扎了根,在生活中沉浸过的人,会告诉你:

◎这十年,我从未对富通城说"我爱你",
却夜夜跟朋友话别时,说我回富通城。

——深圳富通城小区

电视机的广告除了拼硬卖点,有时也会打一些感性诉求:

◎亲密2小时,与挚爱共度过。

真正体验过亲子时光，明白什么是"盼他（她）长大，又怕他（她）长大"的人，会告诉你：

◎世界上有一种专门拆散亲子关系的怪物，叫作"长大"——中国台湾奇美液晶电视

主打动力和操控的豪华轿车，常见套路：
"澎湃动力，当'燃'不让。"
而真正驾驶过，感受过风在耳边呼啸而过的人会告诉你：

◎风的呼啸，追随者的叹息——凯迪拉克

当房价成为爱情的负担，很多刚需楼盘以此为噱头和年轻人对话：
"别让房子，成为爱情离开的理由。"
但真正体会过买房难，经历过爱情和现实考验的人会说：

◎亲爱的，不想每天在别人的房子里，等你回家——杭州复地上城小区

高端物业服务的广告怎么讲？
"360°物业管家，服务细致入微。"
而真正体验过高端物业的细致入微，怕是不会用"细致入微"这种空洞的词，而是给你讲一个小故事：

我和管家有个小误会

汽车溅起的水花打湿了物业管理员的裤管,我下车道歉,他急忙帮我打伞……我弄湿了他的裤管,他却因为没有为我打好伞而向我道歉。

——景德镇锦绣昌南

在生活的资历面前,文案创作者的资历,不具备任何意义。

用脚步去行走,用眼睛去观察,在作死的边缘用心试探。去恋爱,去失恋,去感受现实的冰冷和人心的温暖,在千篇一律的世界中,杀出一条独属于自己的路,你就是这条路上最亮的文案!

最后,你会发现,你走的时候只是文字的搬运工,回来时,才叫写文案的人。

03 少加班：三原因三对策，从此不做"加班狗"

在新浪微博热搜"年轻人猝死三大原因"中，"熬夜"排在第一，占到90%，这让天天熬夜的我不禁有点慌，吓得我又喝了一瓶红牛。

通常，广告公司是加班的重灾区，尤其是到了年底，一周三个竞标，完了还要日常执行各种改稿。

文案人员，被誉为广告公司加班的"晴雨表"。文案人员加班，客户主管就要陪着加班；文案人员不定，设计人员就要加班等着定。文案人员以一己之力，盘活了整个广告公司的加班量。

为什么文案人员总是在加班？除去那些故意刁难的奇葩客户、老板（这种毕竟是少数，而且也不是靠专业能搞定的，所以就不讨论了），主要是这么几个原因：

一、需求不清

工作要求没沟通好，导致一遍遍地改稿。因此导致的改稿次数，往往能占到改稿总量的62%以上。

刚入行那会儿就遇到过，客户明明是要一句推广语，结果客户主管让我写了一篇1000字的软文，一晚上的工作白费，第二天还要被客户狂撑。

现在很多客户提需求都是不下工作单的，一个电话或几条微信就完了，而很多广告公司的客户主管也是不下工作单的，往往把聊天记录截图转发就好了。由此容易导致两个问题：一是需求不明导致结果不行，二是出了问题无法追责，最后还是执行人员负责背锅。

二、水平不精

客户的需求千奇百怪，市场的行情迅速迭代，工作内容超出能力范畴，是每个广告人常常遇到的问题。

以前接触一个新项目、新行业，可以买一堆书回来花个几天闭关研究，现在哪有这个条件。另外个人能力水平的瓶颈，无法满足客户的高要求，或者做不出总监满意的竞标稿，也会导致无休止的改改改。

三、客户不定

有时你事前的沟通没毛病，出品的质量也很硬，但客户就是迟迟不定。这，的确是一种病。

这样的客户往往有两种心态：

第一种是这一稿我能接受，总感觉更好的是下一稿，就像女生最好看的高跟鞋永远是下一双。

另一种是不敢承担责任，定稿是要担责的。对于甲方品牌部而言，只要我不定稿，广告事故就会远离我。

在广告业、律师业等以项目为主导的行业中，要完全避免加班不太现实，但我们可以通过科学安排工作，合理减少加班的频率。

一、需求沟通清楚

有时时间紧、任务重，来回沟通需求真的很费时，而且容易遗漏，所以"工作单"理应安排上。

工作内容和要求自不必说，投放的媒介、推广的目的、期望的效果，可以具体写写。另外，有无参考案例、图片示意？突出什么、避免什么？这些都很重要。如果能一一对照满足，大多数都能尽快定稿，因为海量的实际执行工作，大多都是功能性的需求，不会要求你太出彩。

二、建立资料库

创意行业有句名言：能力不够，参考来凑。

有时能力遇到瓶颈，真的无能为力，而面对海量的工作，灵感也常常缺失。但就像球员不能有了球瘾才上场一样，创作人员来了工作就得上。

詹姆斯·韦伯·扬说："创意就是旧元素的新组合。"所以，当你的文案被拒稿的时候，就需要找一些参考资料来组成你的新创意。

那么，如何找参考？

1.同类型找参考

可以帮你迅速掌握这类创作的常用方式，如小马宋写"壮士牌猪饲料"参考了一个国外狗粮广告，李白写诗也参考过曹丕和崔颢。

2.跨行业参考

可以拓宽你的思路,如"文案女王"林桂枝介绍她做食品时会看保险,做化妆品就去看汽车。她为三里屯Village写的经典文案,让我想到了慕容雪村的小说《天堂向左,深圳往右》。

找参考,不能靠临时抱佛脚,你需要建立你的资料库,某新媒体大V曾说过,他们的选题库和素材库超乎你想象。做文案需要建立比如标题库、词汇库、开头库、广告语库,还有各种行业库、产品库等,当你慢慢积累建立起来之后,它将会是伴随你整个职业生涯的宝库。

"参考找得好,文案下班早"绝对不是一句空话,而是古今中外无数文案大神践行出来的王炸。

三、去引导客户

对于迟迟不定稿、总想看下一稿的客户,与其感叹"我的天呐",不如尽力去"卖稿",说服客户,达成合作。对于不敢承担责任的客户,重要的是不要让他感觉自己在冒险。

04 巧"偷懒"：如何玩着把活干完

文案这个工种，不看工作时长，只看工作结果，工作强度较大，神经时刻紧绷，而真正优秀的文案作品，往往是在放松的状态下创作出来的，因此文案创作者要学会劳逸结合，张弛有度。

掌握一些"偷懒"的技巧，不仅可以让头脑保持活跃的状态，还能把工作完成得棒棒的，真正做到两全其美。

一、劳逸结合，让灵感主动找你

在进行一项文案任务时，一直苦想思维容易困住，难以跳脱。此时需要按下"暂停键"——去楼下买一瓶雪碧，放空大脑，让灵感主动找你。

刚入行那会儿，曾经去北京分公司交流学习，上班是在朝阳区高碑店的一栋别墅里，屋顶有一个大露台，露台有一张大乒乓球桌。每到下午，工位对面的老文案人员就喊我上去打几局，每次喊我，我几乎都在焦头烂额憋文案，但碍于面子不得不打几把。结果打着打着，半天想不出的广告语就出来了，绕不过去的文章死结也解开了。

当我们叫停工作适当"偷懒"的时候,其实潜意识依然在思考,而且越是放松,潜意识越是放纵,然后在某个瞬间一道闪电将你击中,就什么都有了。

曾经获奖无数的深圳卓越·蔚蓝海岸楼盘的系列广告,是当年BOB尽致广告的几个创始人苦思冥想不得,于是去打乒乓球,一局还没打完,文案就出来了。

太原星河湾的这句神来之笔——"满街的悍马,也掩盖不住心情盛开的驼铃",是作者程鸿蔚在健身房跑步的时候从脑子里冒出来的。

悍马为现代晋商的标配,驼铃为古代晋商的标志,"心情盛开"出自星河湾主广告语"一个心情盛开的地方"。一句文案穿越古今,又穿透人心,还正中传播的靶心。

二、不要恋战,多个工作交替进行

有时我们不得不面临多个工作排队的情况,如果在某一个难点上纠缠太久,就会白白耗费大量时间和精力,影响工作效率。

大卫·阿伯特在《创意之道》中讲过,他常常会几个工作同时进行,在某项工作陷入疲乏或挫折时,不要恋战,走开一会儿去忙一点其他的,可以获得更高的效率。

大脑的神经容易疲劳,只有不断给它新的刺激,才能持续产生好的想法。当你深入思考一个问题陷入瓶颈,换换脑子做些其他的工作,等下回过头来看的时候,往往又会有各种新的想法冒出。

三、学会说"不",一句话少熬一个通宵

文案大神约翰·贝文斯分享过一个经历:

他接到了澳大利亚Banker基金的电视广告比稿简报,但经过分析发现,报纸广告比电视广告更适合这种复杂的金融理财类产品。于是,他据理力争,成功说服客户改电视广告为报纸长文案,并赢得了比稿。最终凭借出色的广告效果,赢得了1993年的B&T年度广告奖。

平凡的我们或许无法像文案大神一样,能够去强势地引导客户,但我们也可以在专业范围内去影响客户。

一个现象就是,你对客户越是言听计从,客户越是没有安全感,势必变得事必躬亲、小心翼翼,因为他也不确定自己对不对,于是陷入一遍遍纠结反复的恶性循环。

如果你一开始就能告诉客户什么是对的,有理有据,逻辑自洽,反而可以展现自己的专业性,赢得对方信任,安心地把事交给你全权处理。

但凡正常的客户,谁也不想事事插手把自己搞得很累。

很多时候一句话的事,你就可以少熬几个通宵,多打几局游戏。

四、多聊天,多体验,多调研

约翰·贝文斯为"标致汽车"撰写文案的时候,没事就跑去和标致的车主、维修师傅还有工程师闲聊,挖掘了很多甲方都未曾觉察的闪光点。

再比如小马宋分享的"和士秀"的案例,据他称,在写一款面膜的宣传小册子时写不出来,就跑去和对方老板聊天,聊着聊着一套精彩的文案就出来了。

小马宋问:为什么有些面膜用了第二天就可以白,你们的却要好多天?

老板答:我送你一些关于化妆品效果的内幕。

于是有了第一页文案。

> 能让脸唰的一下子变白的,都不太健康。

皮肤的新陈代谢周期为28天。

那些一用就白的产品,它们坏。

【和士秀,无违禁品】

小马宋问:我听说过小黑瓶的成本传闻,是真的吗?

老板答:是真的。一般化妆品的盒子都要比产品原料贵两倍。我们的正好相反。

太好了,又一页文案出来了。

> 真正与众不同的是,我们的产品成本比包装成本高。

棕榈酰三肽-5,

三十多万一公斤,真的能抗皱。

【和士秀,含肽】

文案的工作就是发现的历程,例如做地产广告理应去项目周边走一走，体验一下交通和环境，逛一逛旁边的公园和商场，将自己代入才能写出更接近用户群体的文案。

知名营销咨询公司华与华，创始人华杉经常会去超市货架蹲点，跟踪观察消费者选购商品时的一举一动。

至今记得入行时文案师傅的一句话：如果你无法与客户进行对话，那他看都不会看你的文案。

去看看目标客群是什么人，了解他们的生活方式，才能用你的文案和他们更好地沟通，进而对其产生影响。

五、参考找得好，文案下班早

但有时候天也聊完了，乒乓球也打累了，还是写不出文案，大脑仿佛在说：我真的一滴都没有了……

这时候就不要硬憋了，内部没了想法，就需要借助一些外部的想法来刺激，找参考就是一个很好的刺激手段。

"文案天后"李欣频说，她会观察一些好的广告或者好的标题，有一些标题的句型，就可以拿来做自己文案的参考。

05　写作的逻辑：通晓需求，文案就能"变"得有理

俗话说：好马不吃回头草；俗话又说：浪子回头金不换。

俗话说：三百六十行，行行出状；俗话又说：万般皆下品，唯有读书高。

"俗话"怎么这么善变？

其实不然，这不是俗话善变，而是说话的人的目的多变。

这种为了说服他人，带有明确目的和诉求的语句，放在以前叫"俗话"，放在现代也叫"文案"。

当你懒得思考将来，一心只想做条咸鱼享受当下时，你安慰自己道"今朝有酒今朝醉"。

但到了奉劝别人的时候，你张口就是"人无远虑，必有近忧"，还感觉自己说得好有道理。

这就是文案创作者，可以在相反的观点之间反复横跳，且从不打脸。

比如劝你别生孩子的时候，他会告诉你：

◎婴儿车217美元,一盒杜蕾斯2.5美元,自己选吧。

当要劝你生孩子的时候,他又告诉你:

◎爱的魔力不可思议,更该来点生命的奇迹——爱乐维复合维生素片

当劝你买套小公寓,在自己的天地里放纵自我的时候,他告诉你:

◎如果青春不曾放肆,老来何以话说当年。
18~59㎡鹤立鸡群样板间,荣登装台,
五大实用收纳空间安置不羁时光。
——万科范儿

等到要推广健身APP了,他又劝你严格自律,天天运动:

◎自律给我自由——Keep(运动健身APP)

当要推广上网快的手机浏览器时,他鼓励你不要等待,追求即刻满足,宣言铿锵有力:

◎梦想哪来时间打盹,
我争着活出色彩,追着每个瞬间。

我要的,现在就要。

——QQ浏览器

轮到推广慢生活综艺节目时,他又劝你在慢节奏生活中寻找生活的初心,告诉你要:

◎慢下来,去生活——《亲爱的客栈》(经营体验类观察真人秀节目)

当要推广减肥产品时,他不怀好意地告诉你:

◎怎么办,你的情敌又瘦了。

当要推广做饭APP时,他又开始劝你好好吃饭,语重心长地告诉你:

◎孤独的人都要吃饱饭——下厨房APP

当劝你省钱的时候,他告诉你:

◎人算不如天算,天算不如淘宝划算。

当劝你花钱的时候,他又安慰你:

◎钱不是真的花掉了，而是换了另一种形式陪在你身边。

当劝你买市中心的房子的时候，他说：

◎中心生活，不被左右。

当劝你买离市区很远很远的房子的时候，他又说：

◎我能与这个世界保持的距离——万科·17英里

当要劝你别租房了赶紧买房的时候，他哭着对你说：

◎亲爱的，不想每天在别人的房子里，等你回家——杭州复地上城小区

当要劝你去杭州周边县城买房的时候，他又变了：

◎只要和你在一起，爱在哪里就在哪里——杭州光耀·溜达公寓

当要劝你买小型车时，他告诉你：

◎想想还是小的好——大众甲壳虫汽车

并给你列举了N条理由：省油省轮胎、停车方便、维修便宜，等等。

而当要劝你买大空间豪华车时，他又告诉你：

◎更大驾驶空间，更多舒适享受——奔驰Actros卡车
◎有空间，就有可能——别克GL8

看，这就是文案，翻手为云，覆手为雨，只要给我一个工作单，我就能还你一句好文案，管他是明还是暗。

06 广告的风格：从十组案例来看顶尖文案都是怎么写的

那些顶尖的文案，不管是暖心还是扎心，往往能够给人一个很深的记忆点，让你一下记住这个产品，并且想去了解它。有人将好文案的两个特质比作诗人和杀手。

一个营造美好，一个撕碎美好；一个编织梦想，一个点燃欲望。

十组案例，一起认清广告文案中的"诗人"与"杀手"：

一、服饰

诗人与人为善，相信人与人之间的美好情感。

◎只要步履不停，我们总会遇见——步履不停服饰

杀手不近人情，人与人之间的攀比和嫉妒，他看得一清二楚。

◎女士们，这就是你的情敌今夏的着装——××比基尼

二、刚需楼盘

诗人乐观积极，告诉你明天很美好。

◎世界很大，我们从这里出发——重庆阿布阿布

杀手无比现实，告诉你明天很残酷。

◎别让你的房子，拖累了你的孩子——杭州光耀·溜达公寓

三、别墅

诗人的告白深情款款。

◎走得出世界，走不出你——万科·波托菲诺

杀手的勾引毫无忌惮。

◎蒋介石曾经拥有过的，你掏钱就是你的——庐山旧别墅拍卖

四、口红

诗人浪漫，给你无数美好的憧憬。

◎把彩虹画在嘴上，心就会放晴——兰瑟口红

杀手腹黑,不给你留一丝丝情面。

◎不涂口红的你,和男人有什么区别——京东美妆

五、酒店

诗人读懂你的向往,给你无限遐想。

◎睡在山海间,住进人情里——爱彼迎(短租公寓预定平台)

杀手看透你的欲望,让你欲罢不能。

◎我们房间的隔音,特别特别特别特别好——桔子水晶酒店

六、家居用品

诗人委婉,润物细无声。

◎窗帘,为阅读的空间
设计了诗的光线,温润的文字
听见,心中的默念
如同正在播放的老唱片,动人心弦
你阅读的眼神,专注而迷人
原本以为羞红了窗帘的脸
其实,只是晚霞早早地爬上了天
——宜家家居&书店跨界产品海报

杀手直来直去，因为他赶时间。

◎想当爸爸？挑一款好窗帘吧——××窗帘

七、关于梦想

诗人为你造梦，给你满满的正能量。

◎人为什么活着？
为了思念？为了活下去？
为了活更长，还是为了离开？
人为什么要活着：梦。
——中国台湾大众银行形象宣传片

杀手撕碎你的遮羞布，让你认清现实。

◎20岁不会做梦的人，30岁都在帮别人圆梦。

八、教育培训

同样是勾起欲望，诗人喜欢赞颂。

◎每个时代，都悄悄犒赏会学习的人——尚德机构

杀手直戳软肋，逼你乖乖就范。

◎学琴的孩子不会变坏——山叶钢琴

九、公益宣传

同样是恐惧诉求，诗人用爱唤起良知。

◎请您现在就戒烟，为了明天——5·31世界无烟日/6·1国际儿童节

杀手没那个耐心，他一般直接恐吓。

◎癌症治愈烟瘾——癌症患者援助协会

十、二手商品

同样是打消顾虑，诗人总能发现事物美好的一面。

◎过期的旧书，不过期的求知欲——诚品书店

杀手直探你心底最不为人知的一面，然后无情揭露。

◎你知道你不是第一个，但你真的在意吗——阿斯顿·马丁二手车

07　文案的维度：理性还是感性，广告策略来决定

这个世界上有两种文案，李白和杜甫。

同样是描写月色，李白写的是：

◎今人不见古时月，今月曾经照古人——《把酒问月》

看到明月，李白浮现的是对悠悠万古的遐思，是对生命倏忽即逝的感慨，是浪漫抒情，是对宇宙和人生哲理的思索。

而对着同一轮圆月，杜甫的反映却是：

◎干戈知满地，休照国西营——《月》

美丽的月光洒满人间，杜甫却劝告月亮：看见这遍地战乱了吧，所以请不要照向国西边的军营，以免将士睹月思亲。表达的是人间疾苦，是对国家太平的希冀。

同样是送别友人，李白写的是：

◎故人西辞黄鹤楼，烟花三月下扬州——《黄鹤楼送孟浩然之广陵》

杜甫写的则是：

◎此别应须各努力，故乡犹恐未同归——《送韩十四江东觐省》

李白的送别是"烟花三月"的比心，基调明丽浪漫。

杜甫的送别则是"加油打工人"的劝诫，是无法同归的遗憾，非常现实。

翻开几千年的诗歌长卷，浪漫主义和现实主义共同构成了中国诗歌的历史。

浪漫主义抒发对理想的热烈追求，是李白"飞流直下三千尺"的想象与壮阔。

现实主义追求精确细腻地描写现实，是杜甫"安得广厦千万间"的愁苦与疾呼。

文案的骨子里有着诗人的情怀，所以文案可分为两个维度：

一个是感性维度，具有浪漫主义情怀，讲究塑造形象，营造感觉和氛围；另一个是理性维度，坚持现实主义创作，从实际出发，凸显价值和差异化。

1.手机

◎我不是为了输赢，我就是认真——锤子手机

◎充电5分钟，通话2小时——Oppo手机

2.水果
◎不好吃瞬间退款——百果园

3.社交平台
◎世界很美,而你刚好有空——即刻
◎中国商界第一高端人脉与网络社交平台——正和岛

4.洗衣粉
◎Dirt is good.(脏就是好。)——奥妙
◎10次洗涤,衣服依然洁净如新——碧浪

5.旧书网站
◎真正的好东西值得买两次——多抓鱼
◎花少钱,买好书——孔夫子

无论是感性维度文案还是理性维度文案,并无高下之分,它们由广告策略决定,服务于不同的诉求,根据不同的产品特点、不同的传播阶段、不同的竞争环境,或有高度或接地气,以达成传播的任务。

一、现实还是浪漫?不同的发展阶段,有着不同的诉求

网上购物刚兴起那会儿,天猫商城的品牌标语是"上天猫,就购了",生怕别人不知道自己是用来网购的。

而随着整个社会的消费升级,2017年天猫商城的品牌标语升级

为"理想生活上天猫",不再强调购物,而是承载了人们对于理想生活的向往。无论你想变美、变帅、变健康,还是吃饭、睡觉、去旅行,你的理想生活,天猫商城来为你张罗。

再看京东商城,2020年之前的广告语是"多·快·好·省",强调物质满足,也体现和天猫商城的差异化,如今随着购物需求的日益多元化,京东商城的广告语升级为"不负每一份热爱",强调个性化和更多美好生活的向往。

二、上高度还是接地气?一切还是要从实际出发

特朗普当年的竞选口号"让美国再次伟大"(Make America Great Again),针对的实际状况,是前任留下的经济不利局面,人们呼唤一个强有力的总统重振国家。这句口号刚好切中要害,高度和气势这一块拿捏得死死的。

相比之下,对手希拉里·黛安·罗德姆·克林顿(Hillary Diane Rodham Clinton)的口号"一起更强大"(Stronger Together),气势上就弱了许多。

而当年中国工农红军在土地革命时期的标语——"老乡,参加红军可以分到土地",就非常接地气了,抓住了当时社会的主要矛盾,洞察到了广大穷苦农民对土地的迫切需求,最终打赢了这一场人民战争。

对文案而言,理性还是感性,其实并不重要,重要的是要解决问题,其他一切都是达成这个目的的手段,所以归根到底,都是实用主义。

PART 4

故事：文案大神的养成史

01 大卫·奥格威：平凡人如何蜕变成"广告教父" >>

【01】

1914年夏，第一次世界大战爆发。

在伦敦郊区的萨利郡，一个商人刚刚解雇了全部的用人，正神色凝重地望着窗外。

他破产了。

战争让一切化为乌有，对商人的儿子而言，就是再也吃不到冰淇淋了。

这是一个很大的打击。

这个孩子那年3岁，名叫大卫·奥格威。

【02】

作为苏格兰的名门望族，奥格威一家都是牛人。

父亲和兄弟是剑桥名人，爷爷是富商。

爷爷的弟弟，是苏格兰最伟大的法学家英格里斯（Inglis）。

所以，即便破产，奥格威依然能上贵族学校，而且学费半价。

奥格威没有中国小孩那样"我该上清华还是上北大"的择校烦恼，他直接选择了牛津，为的是不用和剑桥的亲戚天天打招呼。

在牛津，奥格威不仅拿到了全额奖学金，还成为众人眼中的"明日之星"，老师们甚至对他进行个别指导。

但他用行动证明——懒，真的无药可救。

他上午打网球，下午遛马场，晚上吃吃吃。

他留给学校的时间很少，所以学校留给他的时间也不多了。

两年的大学时光，奥格威逢考必挂。

一点不偏科，十门功课全部亮起红灯，照亮了他卷铺盖回家的路。

他被牛津大学劝退了。

奥格威生无可恋，他离开英国，来到法国，想用美食来麻痹自己。

所以他成了一名厨师。

【03】

凭借着天生的聪明劲儿，奥格威很快在巴黎皇家饭店站稳脚跟。

1932年，一个初春的夜晚，月明如镜，淡淡的雾气笼罩着皇家饭店。

法国总统保罗·杜美（Paul Doumer）像往常一样，下班后到皇家饭店下馆子。

席间，总统尝了一口奥格威做的罗斯查德蛋白牛奶酥，发出了由衷的赞叹：

"C'est bon！"（法语，意思是"好吃死了"）

三个星期后，杜美总统就死了。

原因当然不是吃了奥格威的牛奶酥，而是吃了苏联人的枪子儿。

奥格威伤心了一会儿，就马上去干活了，因为他一周要工作63个小时，全程都得站着。

那时空调刚转入民用，还没惠及皇家饭店地下室的厨房。

炽热的后厨，繁重的压力，让奥格威苦不堪言。

当一个炉灶推销员的工作找上门的时候，奥格威立马答应了。

这个炉灶，就是鼎鼎大名的AGA（雅家）。

1912年诺贝尔物理学奖得主尼尔斯·古斯塔夫·达伦（Nils Gustaf Dalén），在双目失明之后，心疼妻子做饭辛苦，发明了这种超级简便高效的炉灶。

2015年3月，AGA曾在北京举办过一场发布会，一套蓝色炉灶售价人民币28万元，堪称炉灶界的"劳斯莱斯"。

做推销期间，奥格威月月拿销冠，公司委托他写了一本指导手册。

30年后，这本手册被《财富》杂志翻出，称之为"有史以来最好的推销员手册"。

翻开手册，一堆"文案金句"映入眼帘：

◎使用AGA炉灶，瓦斯费一年超过4英镑，请立即报警，因为有人偷你家瓦斯。

◎炊具对女士，犹如轿车对男士一样不可或缺。

◎AGA炉灶，让你家的厨房，像客厅一样干净。

凭借这本手册，奥格威进入了他哥哥的广告公司，25岁的年纪，第一次与广告结缘。

【04】

此时的奥格威，在广告上还是个"菜鸟"。

他的创作方式，是从芝加哥订购一份美国剪报，挑选其中的好广告，一字不落抄袭，然后提交给他的英国客户。

阿道夫·希特勒（Adolf Hitler）的人曾找他们公司做广告，奥格威以辞职相逼，拒绝了这个大客户。

1937年，富兰克林·罗斯福连任美国总统，得票率高达98.49%。

受"罗斯福新政"鼓舞，奥格威唱着《伦敦人在纽约》来到美国，加入盖洛普民意调查公司，主攻影视产业大数据。

天赋异禀的奥格威，很快掌握了数据统计的奥义。

只需提供片名、演员、故事大纲，奥格威就能在电影开拍前，预测出电影的票房，误差<10%。

一时间，迪士尼、华纳、米高梅纷纷上门求合作。

【05】

1939年9月，第二次世界大战爆发，次年法国沦陷。

浪漫之都在炮火中凋零，塞纳河仿佛一行泪水，自巴黎蜿蜒而下。

奥格威当晚在朋友圈更新了一条状态：今夜我们都是法国人！天佑法兰西！

凭借数据调研的长项，奥格威受邀加入英国情报机构，成为一名王牌特工。

代号：零零威。

工作：给希特勒挖坑。

比如揪出希特勒的间谍，废他耳目；或者留着他们，用假情报误导希特勒；再者把资助希特勒的商人搞破产，让他山穷水尽。总之，希特勒被奥格威坑得很惨。

【06】

他是名门的后裔、牛津的明星、国王的特工，他为法国总统下过厨，也给德国元首挖过坑，他因第一次世界大战一贫如洗，却因第二次世界大战名垂后世……

他就是奥格威，如果他的人生至此终结，已经堪称伟大。

但天才的人生，就是让伟大无限放大。

没办法，谁让他叫大卫呢？

这就好比，你以为他已经把大招放了，后来发现，那只不过是他的赛前热身。

第二次世界大战结束后，奥格威辞去公务员的工作，去美国宾夕法尼亚州做了农民。

日日"采菊东篱下，悠然见南山"。

一天晚上，他收工回家，坐在炕头挤脚泡，想到连日以来的辛苦和惨淡的收成，不禁悲从中来。

回想起爷爷当年的经商成就，奥格威一股冲动涌上心头，他突然意识到，有一些事情，还没有完成。

1948年，奥格威回到纽约，用6000美元创办了自己的公司，取名"奥美广告"。

那一年,他37岁。

属于他的传奇,才刚刚开始。

【07】

公司挂牌开业,算上奥格威共两名员工,整天大眼瞪小眼。

奥格威撕了一张纸,列出5个名字——壳牌石油、联合利华、通用食品、百时美施贵宝药业、金宝汤罐头。

这是他立志争取的5个客户。

几年后,他们全成了奥美的客户,现在它们全部位居世界五百强名单。

此时的奥格威,可以说是站在了巨人的肩膀上。

前老板乔治·盖洛普(George Gallup),把影响广告成败的因素传授给他,他的好友罗瑟·瑞夫斯(Rosser Reeves),把霍普金斯的科学广告理论传授给他。

他自己学习了约翰·卡普莱斯(John Caples)的《广告定量研究》,还读完了当时有关广告的所有书籍。

融汇天下广告绝学,再加入过人的天赋和想象力,终于神功已成,出门便是大杀四方。

奥格威创造了一系列名震全美、价值百万的广告作品,让奥美一夜成名。

最出名的莫过于以下两则:

◎穿哈撒韦衬衫的男人。

广告画面为：一位穿着哈撒韦衬衫的白俄罗斯模特，右眼上戴着一只黑色的眼罩。神秘的形象给人以浪漫而独特的感觉，激发了读者的想象力。

结果，这则广告一举成功，哈撒韦衬衫在全国走红，仅用3万美元预算，就让这家有着百年历史的衬衫品牌，从默默无闻到名噪全国，销售额翻了三番。

◎当时速60英里时，这辆新款劳斯莱斯车内最大的噪音，来自它的电子钟。

时至今日，这依然是最有名的汽车广告。

这些广告让奥美的名声如日中天，赢得客户就像探囊取物。

彼时的美国广告，在资本之手的拨弄下，走向了令人眼花缭乱的兼并重组。

众多新兴公司纷纷被收购，嵌入到全球资本的战略链条。

当李奥·贝纳（Leo Burnett）、DDBO等巨鳄提出收购意向时，奥格威却一一回绝了。

多年后他回忆，如果当时诱他以金钱，他肯定就屈服了。但他们以为奥格威在乎的是"创作的挑战"。

对奥格威来说，创作与其是挑战，不如说是一种依据特定原则与技术的模式化生产。他甚至禁止员工使用"创作"（Creative）形容他们的工作。

因为在奥格威看来，好广告就是——99%的调查研究+1%的灵感。

每个新人入职，都要接受奥格威的"神灯"洗礼，即标题、正文、排版、插图的基本法则，这是奥格威从调查研究中得出的精华，是奥美的铁律。

例如，奥格威发现阅读标题的人是阅读正文的人的5倍，因此他坚持把品牌名写进标题。

他反对把大标题排在插图上方，因为这样会使广告的吸引力平均丧失19%。

如果有许多各不关联的事要讲，不要使用太多的连词，只需编上号码就可以。

然后就有了上面那则劳斯莱斯的广告。

奥格威发现标题加入感情色彩的词可以强化效果，经过几百个单词的测试，"Darling"（亲爱的）一词高居榜首。

于是，他将之运用到多芬香皂的广告中：

◎亲爱的，我现在体验的是最不寻常的感受，我全身都沉浸在"多芬"里。

广告画面为：一位女士，一边在浴缸里沐浴，一边与她的爱人通电话。

"亲爱的"和"恨""爱""宝贝"等，都是有强烈情感的字眼，标题有了它们可以起到加强的作用。这则广告一举让多芬成了同类产品中最畅销的品牌。

这堪称奥格威科学广告的代表作，虽然后来他也意识到，在浴室里打电话这事好像不太科学。

但最令人佩服的，莫过于在50年前，奥格威就参透了放大商标的奥义。

他创作了一首小歌，其中一句："客户要是撇撇嘴，让他的厂标大两倍。"

你可要知道，掌握了这一点，可以解决当今世界62%的平面设计难题。

【08】

奥格威的科学严谨，不只在作品。

《财富》杂志曾发表过一篇关于他的文章，文章题目是：大卫·奥格威是个天才吗？

严谨的奥格威，要求律师就那个问号起诉编辑。

以下是1964年奥格威发给下属的一张便条。

裘：

我以为你说好上周二要把西尔斯百货公司的广告（含文案）拿给我看的。

自从西尔斯挑中我们之后，至今已经3个多月了。你们做稿的时间堪比母猪怀胎。

后来经查证，母猪怀胎的时间确实是3个多月。

奥格威很喜欢给下属发各种便条。

后来那位因干活慢被比作母猪怀胎的下属，把奥格威多年来发给他们的备忘录、书信等编成了一本集子。标题名为"广告大师奥格威——未公之于世的选集"。

【09】

一位悉尼的广告人,曾给奥格威发电报提出一个问题:

"有什么单一的步骤,能够大幅提升我们公司的创意声誉?"

奥格威回复:把贵公司的名字改为奥美。

虽然有些自负,但事实的确如此。

至奥格威退休,奥美已是全球五大广告公司之一,分公司遍布29个国家,拥有超过1000个客户,年营业额达8亿美元。

但奥格威的成就,已绝非一个"奥美"可以概括。

他被誉为"广告教父",并与爱因斯坦、亚当·斯密、马克思、爱迪生并列为"工业革命以来最有贡献的人"。

论文案,尼尔·法兰奇未必做得比他差;论创意,乔治·路易斯不见得在他之下,但为何只有奥格威能取得如此声誉?

个中秘诀,他在自传中早已揭晓——如果你想仿效我,这有三条秘诀:

第一,博得一个创意天才的名声;
第二,让你周围都是比你优秀的伙伴;
第三,让他们也这么做。

如果广告行业存在"王道",那可能就是这三句话了。

因为他的存在,无数热血青年投身广告,从未有一个行业,能如此这般,让这么多年轻人前赴后继。

因为他鼓励员工雇佣比自己强的人,奥美也成为一个巨人公司,昂首阔步走到今天。

【10】

1973年,奥格威正式退休。

他在童话般美丽的法国多佛,买下一座700年历史的古堡,过起了隐居生活。

从那时起,路过的游客们,时常看到这样一幅画面:

一个晴天的午后,阳光透过一棵17世纪的冬青树,星星点点遍洒小径。小径的一旁,一位衣衫褴褛的老头,正在仔细地修剪玫瑰花枝。他的嘴里碎碎地念叨着:"终于可以安心做个农民了。"

02 尼尔·法兰奇：不断被开除的"文案之神"

【01】

1960年，伦敦街头。

一个身材健壮的少年游荡在大街上，作为帮派头头，他刚收拾了一伙小混混。他边走边哼："你会不会突然的出现，在街角的咖啡店……"，样子可以说是非常欠揍。

刚过街角，一根大棒迎面袭来，只听"啪"的一声闷响，大棒正中他的下巴。

在晕倒的一瞬间，他想起那一年在夕阳下的奔跑，那是他逝去的青春。一起逝去的还有他的门牙，在空中划出了一道美妙的弧线，掉在了马路牙子上。

他叫尼尔·法兰奇，这一年他16岁。

【02】

之后他就被学校开除了。

彼时的世界并不太平，第二次中东战争刚打完，第三次已经在路上，阿尔及利亚和法国打了6年还没够。

干点啥呢？尼尔正嘟囔着，瞥见了报纸上的战争新闻。

他豁然开朗：既然除了打架啥都不会，干脆参军吧！

但很快尼尔又被军校开除，原因是和军官打架。他从学校一路打到军校，只要确认过眼神，谁都可以是他要打的人。

参军的愿望化为泡影，但打仗的梦想依然健在。

为此，尼尔花了几个月的时间系统学习了射击、搏战等，刀枪棍棒都耍得有模有样，他的目标是要做一个保镖。

学成之后，他遇到一个很现实的问题：无人雇佣。没办法，他就去打工了。

【03】

父亲给他找了一份房地产的工作，去了才发现是收租子的，而且还是在红灯区。

妓女和毒贩们特别喜欢这个少年，请他喝茶，陪他说话，尼尔也喜欢他们，所以租子收得不咋地。

于是他又被开除了。开除他的人介绍他进了广告公司，理由是啥都不会的人全去干广告了。

尼尔觉得广告简直无聊透顶，便撂挑子跑去了西班牙。

在西班牙，他在餐厅端过盘子，在夜总会做过歌手，唱着："我曾经问个不休，你何时跟我走？可你却总是笑我一无所有……"

很快，一无所有的尼尔迷上了斗牛。虽然以失败告终，但他依然留了30多年斗牛士的发型。

别看他斗牛不行，交朋友却很行。

8月份的尾巴，西班牙的海边，尼尔遇见一个女人，确认过眼神，他遇见对的人。他上前搭讪：

"抱歉女士，我得给上帝打个电话，告诉他天使已经不在他身边了。"

然后，他们就在一起了，直到假期结束女人回到伦敦，尼尔一觉醒来只觉得生无可恋，便追着人家回到了伦敦。

【04】

此时，尼尔需要一份工作来养活自己，所以他加入了一家广告公司做客户对接，每天拿着做好的广告去甲方那里卖稿。但他不喜欢卖别人的稿子，他把文案人员写的东西丢进垃圾桶，自己重新写一份拿去卖给客户。

一来二去就暴露了，大老板很生气。但当他看到尼尔写的文案，立即让他脱掉西服，明天穿牛仔裤来上班。（客户对接必须穿西服，文案人员则随意）

尼尔·法兰奇一夜之间成了一名文案人员。

从广告公司文案人员到广告公司老板，尼尔·法兰奇只用了半年。从广告公司老板到公司倒闭一无所有，尼尔也没花太久。

法拉利没了，西班牙的豪宅没了，游艇什么的全没了。30岁的黄金年龄，正是许多人的上升期，但尼尔·法兰奇已经历了低谷到巅峰的狂喜，和巅峰跌落低谷的失意。

后来他加入了Holmes Knight Ritchie广告公司，在这期间他开始斩获各类广告奖项，其中就包括这则著名的"格兰杰威士忌"广告。

◎"总有一天,我的儿子,这一切都是你的。"

"但不是现在。"

酒类广告的难点,是同类酒的不同品牌口味差别真的不大,阐释物理价值往往收效甚微,大多都会诉诸精神和态度。

据尼尔透露,这则广告的核心策略是"珍贵",即把格兰杰威士忌比作父亲留给儿子的"珍贵遗产",跳脱与普通威士忌的竞争,对标当时更名贵的酒类白兰地。

【05】

此时的尼尔·法兰奇,头顶国际4A广告公司创意总监的头衔,享受着人人羡慕的薪水。每天的工作就是喝喝小酒,写写文案,顺便收一下客户献上的膝盖。

一切都是那样完美,不是吗?但生活就是这样,在你风光无限的时候,总有一根大棒在拐角处等着你。

很快尼尔为了躲避税务局的催债不得不远走国外,此时他刚好收到中国香港奥美的邀请,于是他趁机跑路到了中国香港。

但你以为尼尔会老实到中国香港的奥美公司报到?并没有。他顺道去了泰国,沉迷于游玩,错过了报到时间,也错过了这份工作。

最后,身无分文的尼尔找到奥美远东地区的负责人,死乞白赖争取到一份新加坡奥美的工作。

这一年,尼尔·法兰奇40岁。

【06】

到了新加坡以后，尼尔·法兰奇如开挂一般，写出了成吨的神文案，收割了一票国际广告大奖。

不管你是纽约广告奖、戛纳广告奖还是伦敦广告奖，都是我的奖我的奖。

他的很多获奖作品，今天依然时常被人们提起。比如，朋友圈经常有人转这样一组文字：

当你年轻的时候，你又帅又酷，但是你没有钱，所以不在美女们的考虑之列；当你年华老去，腰缠万贯，脑满肠肥，又秃又丑，美女们又突然对年轻的穷小子们倒戈相向；如果你的满头浓发尚还幸存，姑娘们又会告诉你秃顶很性感，如果你真的秃顶了，她们又变了……

这是30年前尼尔·法兰奇给贝克啤酒写的广告文案，今天依然被很多文章引用。

这种文案手法，正是此前大火的"丧文案"，又称"扎心文案"。

每一句丧文案都是一种社会现象的反映，它教你认清生活本质，给人一种醍醐灌顶的感受，让人感觉"好讨厌，但你说的都对"。

丧文案，度的把握非常重要，否则容易惹怒读者，这当中有成功的案例，比如红极一时的丧茶；也有玩脱了的典型，比如支付宝的理财产品文案：

◎年纪越大，越没有人会原谅你的穷。

还有网易云音乐APP向广大用户推送的这条文案：

◎你这么爱听歌，一定活得很难过吧。

推文一出，引得不少用户怒删网易云音乐的应用程序——为了让自己不难过，是要删除啊，没毛病！

尼尔·法兰奇的文案，充分诠释了他的人生之道——看看大部分人在干吗，反其道而行，就能大大享受人生。

比如，这个厉害到炸的芝华士威士忌广告，没有图片，没有商标，没有电话，只有寥寥几行字，却永远载入了广告史册。

> 这是皇家芝华士的广告

假如你还需要看瓶子，那你显然不在恰当的社交圈里活动。
假如你还需要品尝它的味道，那你就没有经验去鉴赏它。
假如你还需要知道它的价格，翻过这一页吧，年轻人。

当所有威士忌在诉求品位的时候，尼尔·法兰奇告诉你，我的威士忌你可能买不起。

当所有人都在歌颂岁月静好、现世安稳，尼尔·法兰奇就来揭示一下生活的真相。

于是，在注意力日益稀缺的时代里，他就成了最特别的一个，自然吸引了更多关注。

比如下面这一篇文案，他实现了很多文案的梦想——让作品被一字不落地读完。

> 这则广告有个错别字

第一位发现者，奖励500美金。

不，不是这一行。

或许，你将猜测到这一行来。

你准备阅读全文，用一双监考官一般锐利的眼睛去发现它。

当你在想，什么使它成为一则好的广告，不是吗？

广告就是，我们把它写出来供人阅读，就像一则引人入胜的新闻报道。

这周的《媒介》杂志上，试图引起你注意的广告有多少？

一则？两则？

但很可能你没读过其中任何一则。现在，诚实些。

......

这是尼尔·法兰奇在BALL广告任副董事长时，给公司写的一篇广告。

大意是，人们天生排斥广告，如果想让你的广告从报纸上跳出来，从屏幕中闪出来，被一字一句读完（像这一篇），可以来BALL聊聊广告那些事儿。

广告发出，BALL的电话成了热线，来电的都是多金的广告主。最终，只有他的秘书找到了那个错误，赢得了500美金。

虽然在1991年被BALL开除，但是尼尔仍然认为在BALL的经历是一段美妙的时光。

再来看看尼尔在BALL的另一个被一再模仿的作品——为新加坡《商业时报》撰写的文案。

```
Unle   less
You t  take
Business  s Times
Every  yday
Youc   only
Get ha  alf the
Stor    ry.
```

◎除非你每天阅读商业时报，否则你无法洞悉全局。

文字的创意千万万，尼尔却总能用一种你想不到的方式给你惊喜。这个作品告诉我们，文案除了可以用"写"的，还可以用"遮"的。在文字游戏还未盛行的年代，这个创意可以说是很惊艳了。

如同今天的很多好创意，这个创意被无数人模仿，景象不亚于百雀羚长图火了之后，哪哪都是老长老长的图，但人们永远只会记得第一个。

【07】

凭借成吨的奖项加身，尼尔·法兰奇成了前世界最大传播集团、奥美母公司——WPP的全球创意总监。

然后在他风光无限的时候，是的，你没猜错，他又被开除了。

2005年10月6日，尼尔·法兰奇出席了一场在多伦多的活动，受邀进行大会讲话。

尼尔看现场有点沉闷,便想幽默一下活跃活跃气氛,但幽默归幽默,他偏偏选择了调侃女性。

他的原话差不多是这样的:

"女性创意总监通常无法取得太大成就,因为对她们而言,比起加班,她们更愿意回家带孩子。"

这在西方简直是冒天下之大不韪,抖了个机灵,把自己抖失业了。

【08】

纵观尼尔·法兰奇的一生,是不断开挂的一生,也是不断被开除的一生。假如那时有公众号,以尼尔的文笔绝对能把那些开除他的公司撑到吐血。

纵然职业生涯不够完美,但你不得不承认,尼尔·法兰奇的文字就是拥有让人欲罢不能的魔力。他就是甲方口中"别人家的文案",他可能也是人类历史上获奖最多的广告人。

在天然趋向同质化的广告业,走出一条特立独行的路,顺带将其他广告一众秒杀。

他,就是尼尔·法兰奇。

03 乔治·路易斯：最有天分的"广告疯子"

【01】

1959年春，纽约长岛。

午后2点的阳光，悄悄溜进三楼的会议室，射在一个年轻人脸上。

他侃侃而谈，正为自己的海报做着一番精彩的提案。

阳光给他的脸镶了一道金边，显得热情而自信，仿佛他就是自信本人。

"你坐在地铁上，会看到古德曼无酵饼这张漂亮的广告海报，然后……"

"不！"大老板轻轻打断了他。

"我不喜欢。"他面无表情地说道。

【02】

适逢犹太人"正月十四"逾越节。

和我们一样，犹太人也喜欢在正月十四吃点好的。他们的习俗是吃无酵饼。

无酵饼，即不放酵母的面饼，俗称"死面饼子"。

【03】

"可是我非常喜欢它！"年轻人抗争道。

"它以新鲜、迅速、明确而刺激的方式告诉人们，古德曼公司的无酵饼正是为逾越节准备的无酵饼！"

"不，我不喜欢它！"暴君古德曼无动于衷。

空气在那一刻凝固了，会议室静得都能听见心跳声。

然后，炸裂的一幕出现了。

年轻人一跃而起，纵身跳出一面打开的窗户，大叫一声："我走啦！"

全场都蒙圈了，广告公司的同事面面相觑，表示这集我没看过啊。

下面是人行道，年轻人在窗外的窄沿上勉强保持平衡，他左手拉着窗户绳，右手挥舞着他的海报，扯着嗓子大喊：

"你做你的无酵饼，我做我的广告！"

"打住，快打住！"大老板声音颤抖着说，"就照你说的办！快进来，求你了！"

年轻人爬回屋里，对大老板表达了感谢，心满意足地离开了。

这个人叫乔治·路易斯，这一年他27岁。

【04】

彼时的美国广告界，正在经历着一场"创意革命"。

以广告界首席大V大卫·奥格威为代表的"科学广告学派"与威廉·伯恩巴克为代表的"艺术广告学派"势不两立,犹如冰火两重天。

乔治·路易斯,正是在伯恩巴克的恒美广告(DDB)担任艺术指导。他最看不惯的,就是奥格威的标准广告范式——偌大的插图下放一个大标题,大标题下接着文案,文案下面是商标。

因为那时的广告圈,几乎人人都在遵循奥格威的广告标准,出来的作品基本都是这个样的。

乔治·路易斯看到这种广告,就像武松见了西门庆,瑟后见了丹妮,瑞克见了尼根,360°无死角看不顺眼。他推崇的海报式样为:

把产品放大N倍,放在中间,让视觉呈现意外的纯粹和统一,标题也是别出心裁,采用犹太母语希伯来文。

这张海报搁今天或许平淡无奇,但退回60年,简直就是广告界的一股清流。

客户主管表示,哥们儿你的创意太前卫了,我卖不出去,不然你再出两稿?

路易斯不服气,找老板伯恩巴克评理。

伯恩巴克说:"你行你上,是男人就自己把稿子卖出去!"

然后就有了跳楼卖稿那一幕。

凭借这张海报,路易斯荣获当年纽约美术指导俱乐部的"年度金质奖章"。

【05】

1960年,路易斯离开恒美广告,创办PKL广告。

两年后,PKL成为历史上第一家上市的现代广告公司。5年后营业额突破4000万美元,相当于现在的10亿美元。

　　要知道,整个奥美中国2015年的营业总收入为10亿元人民币。

　　然后路易斯就辞职了。

　　"我35岁,现在死还太早。"这是他的告别演说。

　　"世界那么大,我想再颠覆一下。"这是他的内心独白。

　　1967年,路易斯创办LHC广告,迅速复制了PKL的成功。

　　1971年,路易斯当选纽约美术指导俱乐部主席。

　　1977年,路易斯出人意料地关闭了LHC。

　　"世界那么大,我想休息一下。"

　　没过多久,他又成为另一家大广告公司的总裁。

　　一年后,路易斯又辞职创办了他的第四家广告公司——LPG。

　　"我会坚持做下去,直到我把它搞对。"

【06】

　　LPG开业后,乔治·路易斯犹如万磁王一般,吸引客户提着钞票蜂拥而至,江湖人称"LPG万"。

　　他们对路易斯说:"钱拿去,要求不高,让我的产品一夜风靡全美就好。"

　　有次开会,客户亲切询问了在场的文案人员、客户主管的工作职责,最后问路易斯:"乔治,你又是干吗的呢?"

　　路易斯回答:"我的工作就是让你的100万花得像是1000万。"

　　乔治·路易斯的厉害就在于,他的每个广告都极其轰动,真的能让100万看起来像1000万。

【07】

1985年的一天,乔治·路易斯接到一笔广告预算。

莫杰琳公司希望提升旗下设计师Tommy Hilfiger及其店面的知名度。

路易斯在广告投放前与客户反复确认一件事——你的产品真的够好吗?

"因为我的广告一旦推出,你会大卖特卖,好产品能一炮而红,坏产品则死得更快!"

是的,你们对力量一无所知。

得到肯定答复之后,广告在纽约时代广场的大屏幕亮相。文案如下:

◎美国男装界的四大天王是:

R _____ L _____
P _____ E _____
C _____ K _____
T _____ H _____

通过这支广告,路易斯强行让Tommy Hilfiger挤进众多名家之列,一炮而红。

广告一经推出,人潮从四面八方涌来,小店堵得像十一黄金周的故宫,订单多得像双十一的淘宝网。

新闻界也将之作为热烈讨论的对象:

《纽约时报》商业头版:"一位新设计师的诞生!"

《时代》杂志认为这个广告预算达2000万美元。他们致电确认，路易斯说请去掉一个0，除以2，总共不到100万。

他曾说过能让100万看起来像1000万，但他发誓没说过是2000万。

【08】

这样的酒广告你一定不陌生：

一对男女，手持酒杯，在天台俯瞰夜景。

夜色如此撩人，我是如此成功，我们共饮一杯××酒，共度良宵可好？

太多的酒广告，在太多的大厦顶层，让太多的男女表演成功已经太多年。

路易斯表示，这样的广告太多，我就不上天台排队了。

他的第一个酒广告，画面是：一瓶酒和一个番茄在对话。文案如下：

酒：嗨，你这个正点的红番茄[1]，若我们两个加在一起可以调成血腥玛丽。我可是和别的家伙不同喔！

番茄：我喜欢你，沃夫施密特，你的确有味道[2]。

【09】

乔治·路易斯的大胆创意，时常让他的前老板、主张打破常规

---

[1] 番茄：俚语指漂亮姑娘。
[2] 竞品"司木露伏特加"的卖点是没有酒味。

的伯恩巴克也直言驾驭不了。

1959年初冬,趁老板出差的工夫,路易斯与甲方私下敲定一张紧身裤的促销报广,并迅速出街。

广告画面为:一个曲线凹凸有致的女子穿着紧身裤,背后一只手放在女子的臀部,做出一个"推"的动作。文案为:我们在推紧身裤。

客户的需求是紧急推售一批紧身裤,画面则直截了当地传达了"推"的意思。

没毛病,这很符合路易斯的风格。

时间紧,任务重,来不及找手部模特了,路易斯只能亲自上阵。

伯恩巴克出差回来,一看报纸差点气出脑梗,说这太恶心了,把路易斯狂撑一顿。

但事实是,广告出街后带来了成吨的订单,甲方直言:"真有你的,路易斯!"并称之为"史上最成功的商业广告"。

【10】

凭借在商业上的巨大成功,乔治·路易斯受美国版《鲁豫有约》邀请,和另外两位广告大佬共聚一堂,畅聊成功背后的故事。

主持人问道:"什么是广告?"

两位大佬口若悬河,从概念聊到产品,从市场聊到媒介,总之对"广告"只字未提。

最后两人互相点赞,称对方是对广告十分精辟的阐释。

路易斯在一旁白眼翻到了后脑勺。主持人趁机向他发问,路易斯回答:"广告是一种有毒的气体,它能让你流泪,搅乱你的神经系统,再把你弄得神魂颠倒。"

多么正儿八经的一句扯淡,第二天就成了各大报纸的热门新闻。

他的语言就是这样生机勃勃,如他的作品一样令人着魔。

他像个坏孩子,搅得广告界不得安宁,大叫着:"如果广告是一门科学,那我就是个女人!"

他虽然像码头工人一样飙脏话,但对待作品,却虔诚得像个信徒。

他不像那些更"成功"的广告人,把公司开遍全球,把生意越做越大。他将所有的才华都倾注于作品,在他眼中,广告就是广告,不是科学,也不是生意。

他,就是乔治·路易斯——一个似乎天生就是为了"颠覆"而来的"广告疯子"。

他让你哭,让你笑,让你脸红心跳,让你心甘情愿为他买单,并对他竖起大拇指说道——

"真有你的,路易斯!"

04 尼尔·法兰奇PK大卫·阿伯特：一瓶威士忌引发的神仙比稿

【01】

午夜的酒吧，灯光昏黄。

尼尔·法兰奇把杯中的威士忌一饮而尽，起身走到吧台前。

迎面走来一个瘦高的身影，仔细一看，正是大卫·阿伯特。

目光相接处，火花四溅。

"来一瓶威士忌！"两人异口同声说道。

【02】

酒吧老板尴尬一笑："抱歉二位，今晚只剩一瓶威士忌了。"

说着拿出一瓶芝华士，"当"的一声放在吧台上。

大卫·阿伯特轻轻扶了扶眼镜，没有说话。

尼尔·法兰奇点上一根雪茄狠狠抽了一口，"伙计，老婆可以只有一个，但酒吧永远不能只留一瓶威士忌！现在，说说怎么办吧。"

酒吧老板打量着二人，一高一矮，一瘦一壮，一个文质彬彬像个教授，神似阿森纳队主教练温格。

另一个光头大耳像个打手，但细看倒是有几分俊朗，神似秃了头的金城武……

这个时间，出现在这儿，还都是一个人，多半是做广告的。

"二位想必是从事广告行业的吧？"

尼尔·法兰奇哈哈大笑："了不起，真的！如你所说，我是一名广告公司的文案人员。说出来你可能不信，我刚给一个没上市的啤酒写了几个广告，火得一塌糊涂，有的酒吧服务员因为拿不出这个酒还挨揍了。"

XO啤酒含12%的酒精，却100%足以致命。

仅在少数铺设舒适地板的酒吧供应。

——XO啤酒，最好躺着喝它！

大卫·阿伯特说："没错，坦白对灵魂有益，我也是一名广告公司的文案人员。"

老板："听说你们做广告的流行比稿，不如就用你们的方式决定这瓶酒的归属吧！拿出你们做过的威士忌广告，看看谁更能打动我，这瓶酒就是谁的。"

尼尔·法兰奇面露喜色，"不瞒你说，我刚好做过芝华士威士忌的广告，数量不多，也就才十二则。虽然没带在身上，但我可以跟你说道说道。"

> 这是皇家芝华士的广告

假如你还需要看瓶子，那你显然不在恰当的社交圈里活动。

假如你还需要品尝它的味道，那你就没有经验去鉴赏它。

假如你还需要知道它的价格，翻过这一页吧，年轻人。

"一个打破所有酒广告规则的广告，没有标志，没有图片，没有标题，只有几行字，却取得了巨大的成功，成功到最后一期我都不需要提这瓶酒的名字。"

> 很惬意吧！

知道你非常清楚下面水晶杯里苏格兰威士忌的品牌，

大部分的读者却不知道。

而且可能永远都不知道。

老板："怎么说呢，这是我见过最霸气的广告！真的，让我感觉喝芝华士的确可以高人一等，我喜欢！"

说着转向大卫·阿伯特，"这位先生，可以讲讲你的作品吗？"

大卫·阿伯特："当然，事实胜于雄辩。皇家芝华士的广告我刚好也做过一个。如果没记错的话，你一开始说的是更能'打动你'，对吗？"

大卫·阿伯特说着从随身的公文包里拿出一本杂志，翻出一页芝华士的广告摆到吧台上。

酒吧老板看了一眼便入了神。

大卫·阿伯特开始娓娓道来：

"一个很冒险的广告，写的是芝华士，却也是我和我的父亲。我喜欢把自己放在作品里，如果有什么感动了你，有很大机会，也会感动别人。实话实说,这个广告最初是为一个巧克力品牌所写,客户嫌太悲情没有采用。你必须学会当仗打输了的时候,把点子收起来,告诉自己这次没法把它卖掉,但属于它的时候会到的。于是就有了这则芝华士的父亲节广告——《因为我已经认识了你一生》。"

半天没声响,两人扭头一看,酒吧老板的眼睛好像湿润了。

"抱歉,我想起了我的父亲。"

你们的作品都棒极了!一个让我深深震撼,一个让我感动到流泪,要选出一个太难了。

老板狡猾地笑了笑,挥了挥手中那本杂志。

"不如我们再来比一局,这次看看你们给杂志做过的广告如何。"

尼尔·法兰奇面露不悦,"伙计!这就有点过分了。但这瓶酒我今天喝定了,我就再跟你玩儿一把!"

大卫·阿伯特:"乐意奉陪。"

尼尔·法兰奇从包里拿出几张皱皱巴巴的纸。

"看看吧,已经被别人模仿过无数遍了,但老子是第一个,哈哈!我喜欢他的简洁,以及它把不可能的承诺变得似乎是合情合理了。"

```
Unless              take
You take            Times
Business s Times
Everyday            yday
You                 only
Get ha              alf the
Sto                 ry.
```

◎除非你每天阅读商业时报，否则你无法洞悉全局。

酒吧老板："有趣极了！你可真是个鬼才，我简直要五体投地了！"

大卫·阿伯特："有趣！不如再来看看我这个？"

◎我从不读《经济学人》——42岁管理实习生

酒吧老板再也憋不住了。"哈哈！我从不读《经济学人》，来自42岁的管理实习生……哈哈哈……漂亮的反讽，我猜你骨子里一定是个很刻薄的人吧，哈哈，开玩笑。"

大卫·阿伯特双手一摊，朝尼尔·法兰奇做了一个无奈的表情。

酒吧老板说："越来越有意思了，你们改变了我对广告的看法，原来广告也可以这么有趣！你们猜怎么着，我有个主意，这瓶酒我送你们了！不如你俩坐下来喝一杯，再跟我聊聊那些好玩的广告。"

说着"啵"的一声打开了瓶塞。

没等二人反应，两杯芝华士已经推到跟前。一股清甜的烟草味窜入鼻腔，没人能够抵挡。

两人同时端起酒杯饮了一大口。

"得劲儿！"尼尔·法兰奇闭着眼，享受着烈酒冲喉的快感。

"来来来，快说说你们还做过什么有趣的广告。"酒吧老板急不可耐。

"用生命做广告算不算？"大卫·阿伯特抿了一口威士忌继续

说着。

"这可能是我这辈子最疯狂的事了,你能想象吗?一辆1.3吨重的汽车,吊在我头顶上方不足1米高的地方。而这就是我给沃尔沃740汽车做的广告。"

说着把另一本杂志摊到了桌子上。

广告画面为:一辆红色的沃尔沃汽车被吊起,距离地面约60厘米,身穿西服、满头银发的大卫·阿伯特躺在汽车下方。文案如下:

> 如果焊接不牢固,本文作者的小命就没了

几年来,我一直在我们的广告中宣称沃尔沃车的每一个焊点都非常牢固,足以承受整辆车的重量。

有人认为我应该以自己的身体来验证我所说的话。于是,我们把车悬挂起来,而我则爬到了车子底下。

当然,沃尔沃740不负所望,而我则活着出来把我的经历讲给大家听。

然而,本故事的要点是告诉人们,虽然沃尔沃740外形独特,但它与以往的沃尔沃车没有区别。它制造精良,你可以把自己的生命托付给它。

我明白这一点,而且也这么做了。

尼尔·法兰奇:"你说你爱把自己放进作品里,可没说爱把命也搭进去啊。老兄,你能活到现在可真是个奇迹!"

酒吧老板:"棒极了!能看出你是一个特别靠谱的人,就和这部车一样值得信赖。我如果是客户我会买单,真的。"

尼尔·法兰奇："真有你的！我还听说你们曾经拒绝给香烟做广告，那可都是大客户，这点我真是自愧不如！比如说，我曾经给一款日本的生发液做过广告，你懂的，政府有明文规定——不能提'生发液'字眼，也不能展示包装，因为包装上写着'生发液'，不能展示头发多多的男士，更不能展示秃头的男士……"

"可是我猜这难不倒你。"酒吧老板满脸期待。

尼尔·法兰奇一脸坏笑，说："是的，生活还是要继续嘛，生意也要继续。"说着拿出了两张样稿。

"随身携带案例是个好习惯，不仅可以随时随地谈客户，还能换酒喝，真不赖！"

唯一的方法是暗示产品功效。有哪些东西可以用来象征秃头呢，台球，或是鸡蛋？于是广告策划案呼之欲出。

画面为：并列放置两个鸡蛋（或两个台球），其中一个长出了稀稀落落的毛发。广告语是：小心加美乃素！因为它能让你的鸡蛋长出毛发来！

最棒的地方在于，只有秃头的人才能够理解，没有一个秃头的人愿意被人发现他在研究一个写着"嗨，秃子！想长头发吗？"的广告。

相信我，我知道。

在这里，这个信息被转化成了只有他们能懂的密码。

销售额飞涨。

后来我们被告知：禁止发布有关"令不可能长头发之物神奇般长出头发"的广告。于是我们创作了《狗篇》，不就是避开"规则"吗？

广告文案依然是那一句：小心加美乃素！配图则换成了两只狗，右边的一只毛发长且浓密，几乎要挡住了眼睛；左边的一只毛少且短，扭头惊奇地注视着旁边的长毛同类。

"那可真是段快乐的日子。"

酒吧老板说："棒极了，哈哈！所以，这款产品到底有效吗？"

大卫·阿伯特和酒吧老板齐齐看向尼尔·法兰奇光亮的头顶。

尼尔·法兰奇：……

笑声在夜色里回荡。

【03】

今宵杯中映着创意之光，酒香氤氲，欢声飞扬。

不觉间，晨曦微亮。

酒吧内空无一人，创意的火花归于沉寂，新一代的创意人踌躇满志。

他们迎着先辈照亮的路，砥砺前行。

【04】

大卫·阿伯特去世后，留下了几十篇传世佳作和一家英国最大的广告公司——AMV BBDO。

他的朋友，另一位顶尖文案阿尔弗雷德·马尔坎托尼奥（Alfredo Marcantonio）在悼词中称他为"我们这一代最值得铭记的创意人"。

与大卫·阿伯特携手缔造AMV的彼得·米德（Peter Mead）说道："从45年前我遇到他的那一刻起，他改变了我的人生。他加入我们，就像球员梅西加入密尔沃尔（英国四流球队）。"

大师从未离去，他的思想依然闪耀，他的作品依然生机勃勃，隐藏在字里行间的创意财富，等待着下一位淘金者去发掘。

最后，我们再来温习一遍他送给人们的创作箴言：

1.把自己放在作品里。用你的生活去活化你的文案，只有感动自己才能感动别人。

2.用视觉的想象思考。要某人描述一座螺旋梯，他多半会手口并用。有时最好的文案就是没有文案。

3.如果你相信事实胜于雄辩，你最好学会写明细，叫他读起来不像明细。

4.坦白对灵魂有益，对文案亦然。

5.别让人烦。

05 那些年,文案大师们开过的车

【01】

1992年,上海。

奥美VS电扬,决战秋名山之巅。

胜者将赢得"大众神车"桑塔纳的广告代理。

当奥美"拥有桑塔纳,走遍天下都不怕"的广告语一出,上海大众老大方宏拍着桌子激动地说:这句话就是我们想找,找了很久但没有找到的一句话!

广告语的作者戴宇舫,当时由于资历尚浅,甚至都没有资格参加竞标会。

当得知这句话由一位内地文案创作者而非港台文案创作者所写,方宏非常欣慰:"现在我们上海终于也有这样的人才了。"

奥美由此战胜强大的电扬,开始在内地攻城略地。彼时的电扬,是中国第一家合资4A广告公司,创意掌门人苏秋萍叱咤广告圈数载,且以汽车广告扬名天下。

巅峰时期,苏秋萍在新加坡同时做6个品牌的汽车广告,在中国上海做大众，北京做雷克萨斯，风头无二。

年轻时的苏秋萍当过特种兵、做过乘务员，最后加入了广告业。

中学时代，苏秋萍和新加坡总理李显龙是同学，两人经常同上一块告示板——"李显龙，品学兼优，授予全额奖学金"。左下角还有一行小字，"苏秋萍，屡劝不悔，记大过一次"。独特的经历和大胆的个性，成就了苏秋萍不拘一格的广告路数，他的作品中看不到任何教条的束缚。1990年，他包揽了新加坡CCA和亚太所有的华文广告奖，圈内叹为观止。

以下是1995年苏秋萍在他创办的新加坡三人行广告时期的汽车广告：

【案例1】

广告画面为：一个特大号耐用电池的包装内装着一辆汽车。文案为：

> 特大经济号现已面世

　　十六活门

　　双凸轮燃油

　　注射引擎

　　动力方向盘

　　一公升车级

　　唯它独尊

　　——日产玛驰

【案例2】

广告画面为：一个预备起跑的短跑运动员，前后四肢都是腿。文案为：

> 有前有后

奥迪四驱之"四腿人"篇

【案例3】

广告画面为：手握5张扑克牌，分别是黑桃10到黑桃K的顺子，以及一张未知的底牌，如果那张底牌是黑桃A，那么这把牌就将是"同花顺"。

文案为：

> 谁说不可以！

不用开底牌

不必靠运气

奥迪不按牌理出牌

回报百分百

——奥迪

同一年，同在新加坡的陈耀福，在精信广告做的大众汽车又是另一番创意。

广告画面为：一辆撞到报废的大众汽车。文案为：

妈妈，我不是故意的

一九九四年十月十五日，星期六，凌晨两点。

车子由高志勇驾着，他今年十七岁，血气方刚。车上另有一名前座乘客及一名后座乘客，他们都是志勇常聚在一起玩乐的好朋友。

车子是志勇向妈妈借来的，妈妈从来都没有拒绝过他，只是每一回总是再三嘱咐志勇得小心驾驶，毕竟志勇还是个"新手"。车子正朝往牛顿小贩中心奔驰，大伙肚子都饿极了，准备到那儿大吃一顿。一个左转来到杜尼安路时，意外发生了。

经过一轮猛烈的冲撞之后，车子惨不忍睹，在那一刹那之间，志勇以为一切都完了。

幸好，那是福士伟根[①]。

是吉人天相也好，是大难不死也好，奇迹般地，志勇等三人皆平安无事，一毛无损。自行打开车门后，面面相觑，目瞪口呆。志勇这时最担心的是如何向妈妈交代。闯了大祸，妈妈一定不会原谅他，毕竟那是她心爱的车。

听妈妈怎么说。

"当志勇来电通知我时，知道孩子们都没事，也就放心了，以为只是小意外。后来，看到心爱的车子时，我简直不敢相信自己的眼睛，我一点也不生气。谢谢福士伟根，救了孩子们一命。"

福士伟根，安全上路。

[①] 福士伟根：即大众汽车（德语：Volkswagen）。"Volkswagen"的德语发音是"福士伟根"，所以中国香港和中国台湾便取了音译之名。

生命可贵，岂可儿戏。德产福士伟根深明此理，因此在设计及制作每一部车子时皆以您的安全为首。超过三十种不同的冲撞测试，确保万无一失。车身结构的加强措施，前后左右的安全护撞区与防撞杆给予更大的保障，驾驶座安全气袋在紧要关头能化险为夷。

事实证明，福士伟根的安全措施绝非纸上谈兵，其高度驾驶乐趣更为同行所津津乐道，一经驾驶，必有所悟。

会讲故事的人，控制着这个世界。有故事的文案，是好文案。

撞坏了妈妈的大众后，陈耀福转战中国内地，担任睿狮中国首席创意长，做起了真正为"八〇后"年轻人打造的汽车——别克昂科拉。

◎年轻！就去SUV！

别克昂科拉的品牌主张句句戳中"八〇后"心坎，广告非同以往，没有将电视作为主阵地，而是在网络、户外、电台、线下……在这些年轻人的地盘进行对话，最后大获成功。

"车卖得非常好，'七〇后'也在买，广告做得很走心，而且讲得比较精确，这在汽车类别里面没人这么做。10年的汽车案例中，这个一定会被记载在里面。"提及这个案例，陈耀福不无自豪。

陈耀福用广告和年轻人对话，另一个文案人林永强，用实实在在的方式和年轻人沟通了7年。

2007年，上海BBDO的执行创意总监林永强，在博客开设《此乃广告班》栏目，通过博客和邮件向年轻人传授创意技艺，直到

2010年辞去ECD环游世界时也没中断。

生于中国香港的林永强，在1993年应聘于中国香港奥美，先被邓志祥拒绝，一个月后又被邓志祥的徒弟曾锦程发掘，后师从二人，一路开挂，最后高居上海BBDO执行创意总监。

1997年，初到中国香港达彼思的林永强，和前奥美同事、两届中国香港金帆奖得主周佩如、庞婉贵一起为捷豹汽车创作的广告，20年后来看依然亮眼。

广告画面为并列的两幅图片：左边是一只奔跑的美洲豹；右边是镜头拉远，美洲豹的前方是一辆疾驰的捷豹汽车。

左边图片的文案为：

◎本周四，Jaguar（美洲豹）将遇更强对手！

右边图片的文案为：

◎Jaguar（美洲豹）|全新V8 Jaguar（捷豹车）

然后，这只豹就被孙大伟调戏了。

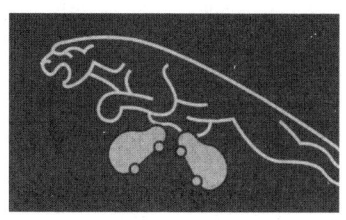

◎捷报捷报！一只豹喝的油可以喂饱两只玛驰！

孙大伟为日产玛驰做的平面广告,主打省油。典型的比附手法,告诉你一只捷豹足以喂两只玛驰。

【02】

2003年,林永强的恩师邓志祥,时任恒美广告(DDB)大中华区创意总监。那个夏天,他带队创作了新甲壳虫敞篷车的系列广告,很漂亮,很有趣。

广告画面为:在美好的大自然中,停着一辆敞篷版甲壳虫轿车,天上的彩虹、跃起的海豚、漂亮的阳伞,经过错位的视觉处理,分别组成了甲壳虫的车顶。

◎为大自然开放——全新甲壳虫敞篷款

即便是全景天窗,也已经无法满足你抛开城市的喧闹与繁杂、投身大自然尽情呼吸的热切期盼。此时此刻,一辆敞篷车,才是应时应景的交通工具。

说到敞篷车,不能不提邓志祥的女弟子林桂枝,为奔驰CLK敞篷跑车做的系列平面广告。时间为2006年左右,林桂芝在威汉广告(WE)所做。

◎停一停,试一试醍醐灌顶的迷醉。

阳光美景,从上到下醍醐灌顶,确认过感觉,是直截了当的林氏风格,还体现在她于2000年为别克做的电视广告。

广告画面为:大大小小的水滴从天而降,但总落不到别克车上。画外音是:不容许有任何水分,当代精神当代车,来自上海通用汽车。

还记得在同一年电影《卧虎藏龙》大火,大红大紫的章子怡被奔驰火速签下,做出下面这套经典作品,文案由BBDO叶青竹撰写,初见惊艳,再见依然。

❥ 偷心的人,心已被偷

任时光飞逝,风云变幻,经典总能焕发摄人魅力。传承"欧翼"传奇,惊鸿间,心已被偷走。全心改款SL级敞篷跑车,延续永恒经典,源自梅赛德斯-奔驰梦工厂。

❥ 世界的宠儿,宠儿的宠爱

野难驯,风难逐,磅礴引擎释放无与伦比的震撼魅力,谁能不宠?全新改款SLK级敞篷跑车,野性纵情怒放,源自梅赛德斯-奔驰梦工厂。

❥ 美人计,美人也无计

第一秒,光华夺目;下一秒,萦绕心扉。一动,若惊雷;一静,若磐石。转瞬扣人心弦。全新改款CLS级轿跑车,极致魅惑,源自梅赛德斯-奔驰梦工厂。

  车轮滚滚向前,那些经典文案如道道车辙刻于大地之上,那是它们留给世界的印记,也是留给后来人的启发。
  2007年,灵狮广告逢淑涌的奥迪A8L"划分等级"系列,取代了原先的诉求"经典·起点",划下A8L的全新时代。

◎等级划分一切,你划分等级。
◎权力控制一切,你控制权力。
◎真理证明一切,你证明真理。

  角度和章子怡篇有异曲同工之妙,都是汉语修辞"回文"的一种变体,参考回文著名例句:我荒废了时间,时间也荒废了我。
  然而,也总有骨骼清奇之人,不喜走别人走过的路,声称——"最好的答案,不在熟悉的路上"。
  他就是陈绍团。

◎最好的答案,不在熟悉的路上——奥迪全新A6L
◎棱角的退化是这个时代的悲哀,好在有凯迪拉克——凯迪拉克的品牌重塑
◎最高的那座山在哪里?在你的心里——凯迪拉克凯雷德(Escalade)

  2003年,人类登顶珠穆朗玛峰50周年,52岁的王石(万科集团

创始人）第一次登上珠峰，包括中国中央电视台在内的媒体报道铺天盖地，"登顶"成为持续多年的社会热点话题。

Escalade意为"攀登者"，陈绍团以"山的哲学"为延伸，以一句"最高的那座山在哪里？在你的心里"，将凯迪拉克不断奋进的理念、SUV的产品属性和中国的时代精神一笔收锋，通杀精英和土豪，反响热烈。

凭借对社会与人性的洞察，寻找品牌、产品与目标人群的联系，陈绍团走出了一条不同的路，把车开到了别人没开到的地方，自然也收获了不一样的风景。

【03】

在众多广告中，汽车广告是比较特殊的存在，它关乎生活，也关乎时代变迁。

站在时代的高处俯瞰，历史的奔流一骑绝尘，不同的人，不同的路，不同的车，最终指向的，却是同一个目的地，也是传播的终极所在——人的心。

06　做广告必须知道的几位广告人

【01】

"人头马一开,好事自然来",黄霑眉头紧锁,盯着纸上这句广告语出神。

显然他并不满意,于是又苦思冥想了好久,努力尝试了多个版本,到头来,还是觉得这句大白话最合适。

广告语一出,轰动中国香港。

黄霑为人头马(Rémy Martin)所写的这句广告语,瞬间成了风行一时的流行语,它不仅帮人头马打开了中国香港的市场,更成为"极品洋酒"的代名词。

殊不知,他打开的,还有中国香港广告的黄金时代。

【02】

当人头马的广告语在中国香港风靡时,20岁的朱家鼎登上了赴美留学的班机,属于他的时代还未到来。

1978年,24岁的朱家鼎从美国学成归来,加入当时中国香港最负盛名的广告公司——堂煌广告，任创意副总监。

两年前，中国香港偶像级创意人林俊明和莫康孙，刚在这里熬过了他们的"菜鸟"时代。

1979年底，朱家鼎又来到达彼思广告，任创意总监。一年后，从创意总监直升董事局，成为这个全球知名广告公司中最年轻的董事。

26岁的年纪，国际4A广告创意总监/董事加身，已然是人生巅峰，但对于天才来说，这还远远不够。

1983年，朱家鼎辞去达彼思的职务，创办灵智广告。几个月前，Adobe也刚刚成立，距离Photoshop1.0版本的发布，还有整整7年。

彼时的中国香港，作为中文广告的代表，依然处于重文案、轻画面的阶段。广告语是灵魂，画面是辅助，制作也比较粗糙。

从那时起，朱家鼎在创意天平的另一端，轻轻地放下了一枚砝码。

朱家鼎尤为重视广告的美学效果，无论是平面广告还是电视广告，他对视觉都有着极高的标准。即使没有Photoshop等制图软件的辅助，他做出的广告也是赏心悦目、内涵清晰，让那时的中国香港人大开眼界。

1986年，朱家鼎在众多中国香港4A广告公司面前，首次夺取了"中国香港4A创意金帆大奖"。

他为汇丰银行推广"易通财-ETC"制作的电视广告"郑少秋楚留香"篇，不但让汇丰银行的形象实现了从严肃古板到亲切先进的转化，还被美国著名脱口秀节目《强尼·卡森今夜秀》评选为世界最风趣的电视广告之一，更摘得两项广告大奖——戛纳广告大奖和克里奥广告大奖。

他为中国香港红十字会制作的"平安夜"篇，以及"彪马运动服"的"Fly First Class"篇，也在中国香港和国际屡获大奖。

朱家鼎的视觉革命，在20世纪80年代的中国香港广告界引发震动，他不仅引领了以影像传递信息的手法，更让中国香港广告在美学上得到了极大提升。

1988年，朱家鼎将灵智与外资博文合并，携手了中国香港另一创意天才林俊明。

在1989年美国《广告时代》杂志的评选中，这家公司从全球300多家公司中脱颖而出，被评为全球最具创意广告公司亚军。

1991年12月1日，朱家鼎在美国洛杉矶成婚，夫人名叫钟楚红。天长地久的誓言，回荡在天使之城的上空。

第二年，朱家鼎为铁达时手表制作的广告片上映，让这个此前不温不火的品牌一炮而红。

广告以怀旧的方式展现了一个凄美的爱情故事，周润发、吴倩莲的演绎让人荡气回肠。全片只有一句文案——"不在乎天长地久，只在乎曾经拥有"。

这句朱家鼎亲自撰写的广告语，成了广为传诵的经典格言。

说来有趣的是，朱家鼎立志改变重文案轻画面的现状，却亲手写就了整个中文广告界最著名的广告语之一。

天长地久的誓言，终抵不过现实的摧残。

2007年，朱家鼎因癌症去世。天长地久终难兑现，但曾经拥有，也已然无憾。7年后，钟楚红在接受《南方都市报》采访时说："他给我的，已足够我一生受用。"

【03】

时钟拨回到1987年的夏天。在中国香港的一所中学里,有位地理老师正在讲课,那时的他不懂得天长地久,只懂得昼长夜短,他就是劳双恩。

很快,这位讲地理的老师将以不讲天理的方式,横扫华文广告界。

在中学里教了两年地理课之后,喜爱文学和话剧的劳双恩尝试着向广告业转行。

他想投身广告界,却苦于找不到门路。他用心写了一份英文简历,落款处一笔一画签下"劳双恩"三个字,便撒向了各大4A广告公司。

1988年春节前夕,中国香港奥美的办公室里四处弥漫着节前的疏懒气息。

刚刚回归奥美的邓志祥,蜷在椅子上漫不经心地翻看着一打简历。忽然他眼前一亮,三个流畅的汉字——"劳双恩"跳入眼帘,他隐约感到,这个叫劳双恩的小伙子有着很好的文化背景,中文书读得很多,是个好苗子。

随手写就的三个字,让劳双恩一步跨入全球最好的广告公司行列。

进入奥美后,得益于邓志祥的启蒙和点拨,劳双恩一日千里。属于他的时代即将到来。

20世纪80年代末,戴比尔斯(De Beers)进入中国,野心勃勃,誓要让钻戒取代金银玉石,成为中国人的婚嫁信物。首要任务就是,将戴比尔斯那句最经典的广告语——"A Diamond is Forever"翻译成中文。

劳双恩当然不满足只做一个搬运工，他将这句英文重新赋予中文的生命，翻译为——"钻石恒久远，一颗永流传"。

此时的他才刚刚入行，一句"钻石恒久远，一颗永流传"成就了无法超越的经典。他翻译的不只是"钻石恒久远"，也翻译了什么叫"出道即巅峰"。

戴比尔斯迫不及待地将这句话注册为商标，其他钻石业者不干了，凭什么只有你能用？一场浩大的广告语争夺战打响了，最终法院判决戴比尔斯胜诉。

又过了几年，钻石打败黄金和玉石，成了中国人婚嫁的标配。即使你知道那一小块碳分子并不值钱，但那可是爱情啊，为了爱情傻一次你不愿意吗？

事实也证明，有些事情，也由不得你不愿意。

正如在一个晴朗的午后，林俊明拨通了邓志祥的电话。

林俊明："祥哥，有没有后生给我介绍呀？"

邓志祥："有哇，叫劳双恩，在奥美任职。"就这样，在这个晴朗的午后，劳双恩被邓志祥"卖"给了林俊明。

当时的林俊明，是中国香港灵狮广告执行创意总监，后又兼任董事长。在林俊明手下，劳双恩从文案人员成长为创意总监，如一块被打磨的钻石，越发光亮，成了中国香港最炙手可热的创意人物。

和林俊明共事的4年半，劳双恩生过一次大病，断过一次腿，搞定了无数难搞的客户，拿了一堆广告大奖。

在业余时间里，劳双恩还给陈奕迅、郑秀文写过几首歌词。

就在劳双恩如日中天之时，他做出了一个震惊中国香港广告圈的决定——北上中国内地，加盟上海智威汤逊。

在中国香港回归的前一年，劳双恩迫不及待地拥抱了祖国内地。个人待遇方面，业界盛传，日薪3万。

当时在圈内有一种说法，除非在中国香港熬不下去，否则不会去中国内地。当时的中国内地，什么都刚起步，虽然是4A广告公司，其实什么都没有，来的人都很累。

直到多年以后，劳双恩已位居智威汤逊亚太区创意委员会主席，他领导的智威汤逊，拿到了中国内地第一个"CLIO金奖"，做出了中国内地第一支被收入"SHOTS"的作品，也是中国内地第一家登上中国香港4A广告创意总分榜首的广告公司……此时人们才开始佩服劳双恩当初的目光长远。

2011年6月22日，劳双恩的创意团队凭借为新秀丽箱包制作的平面广告"天堂与地狱"篇，为中国内地捧回了第一座戛纳广告节全场大奖，他也成为首位担任戛纳广告节户外广告类评委主席的华人。

【04】

无数荣耀加身的劳双恩，理应是邓志祥最得意的男弟子，之所以加一个"男"，是因为他最得意的女弟子，叫林桂枝。

这个女弟子成为众人膜拜的"文案女王"，又转身离去，留下她的传说任人津津乐道。

1993年，一个不平凡的年份。这一年北京申奥失败，粮票退出北京的历史舞台。

这一年，一个略显青涩的女孩子，跟着她的北京籍男友从中国香港回到北京，以创意总监的身份援建北京奥美。

林桂枝走出地铁站，满大街的自行车与黄色"面的"映入眼帘，一眼望去，北京还是一片广告的荒原，面对这片"北大荒"，一切都要从零开始。

从这时开始，林桂枝分别走过了北京奥美、达彼思、盛世长城等知名广告公司。

她为别克GL8撰写的广告语——"有空间，就有可能"，成功挽救了这款即将下线的车型，从此转为中国专供。

她为三里屯Village撰写的文案，成为文案节奏感的教科书级范例。16行字，从天堂到地狱，一气呵成，点到为止。

她为强生撰写的"因爱而生，强生"系列广告文案，用最平实的文字表达出最触动心弦的情感。整个传播活动让强生中国的品牌美誉度大幅提升，成为北京奥运赞助商中的最大赢家。

林桂枝对这些作品并不在意，在她看来，它们不属于她，而是属于客户。她说，今天你也不会看到以前的广告在播，所以没有必要去记得它。

对作品洒脱到不行，但对另一样东西，她却是格外珍视，那就是对后辈的培养。

2006年冬天的一个早上，24岁的东东枪，拿着他在六里庄广播电台的稿子来奥美面试。面试只用了10分钟，林桂枝问了他三个问题：你现在的工作是做什么的？你现在赚多少钱？你什么时间来上班？

又过了6年，还是一个寒冷的冬天。已经是创意总监的东东枪介绍了一个素未谋面的网友来奥美面试。

那个网友从广州一路北上，坐了10个小时的火车来到北京。下车后，他用小小的眼睛，打量着大大的北京，他就是李诞。

居无定所的李诞，每天借宿在各个朋友家，面试前一天还跟朋友喝了顿酒。第二天他背着一个橘色背包，侧袋插着半瓶伏特加就去面试了。

林桂枝问他："你以后想成为什么样的人？"

多年以后，李诞提起这件事，林桂枝笑得合不拢嘴，说："怎么会有人面试问这种问题啊？"

写出过MINI汽车"别说你爬过的山，只有早高峰"的白雪丹说，当年林桂枝给她改文案，常常是坐在她旁边一个字一个字地帮她改，从青铜一路带上王者。此等待遇，李诞当年也享受过。

直到现在，李诞认为，他在工作中80%的东西都是在奥美，特别是从林桂枝身上学到的。

2013年5月，为了女儿的成长，林桂枝再度离开奥美，也淡出了广告圈。

照顾家庭之余，林桂枝仍在创作，她为"农良召"制作的短视频《一个农民良心的召唤》，文案是典型的林式风格，朴实无华却又感人至深。

她在喜马拉雅开设创意课，将她的创意经验与大家分享。她也会在个人公众号里讲述她的所思所感。

"文案女王"从未离开，她只是装扮成了妈妈。

【05】

2018年11月，智威汤逊与伟门广告合并，这家拥有154年辉煌历史的4A广告公司改名"伟门汤逊"，这被看作是传统4A没落的一个标志性事件，但劳双恩有着不同见解。

正如劳双恩与林桂枝聊天时谈到的"过时"，劳双恩认为每一个时代都面临着不同的传播环境，你必须保持学习，扩张你的专业技能。无论你是传统广告、互动传播还是其他内容平台，只有当你停止了进步时，你才会过时。

换言之，只要你自己是黄金，无论哪一个时代，都是你的黄金时代。